TOUT-EN-UN POUR APPRENDRE L'ARABE

En 30 Jours avec Grammaire, Vocabulaire,

Exercices, Histoires, Dialogues quotidiens et Audios !

Bilingual in Pocket

TOUT-EN-UN POUR APPRENDRE L'ARABE

En 30 Jours avec Grammaire, Vocabulaire,

Exercices, Histoires, Dialogues quotidiens et Audios !

Édition : BoD · Books on Demand, 31 avenue Saint-Rémy,

57600 Forbach, bod@bod.fr

Impression : Libri Plureos GmbH, Friedensallee 273,

22763 Hamburg (Allemagne)

ISBN : 978-2-3225-6987-8

Dépôt légal : Mars 2025

Sommaire

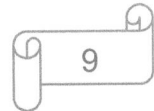

Bonus offert gratuitement : les audios des 10 histoires

Boostez votre prononciation et votre compréhension grâce aux enregistrements des histoires du livre. Scannez le code QR ci-dessous pour télécharger la version arabe des 10 (dix) histoires :

https://bilingualinpocket.com/

Bonne lecture et fructueux apprentissage !

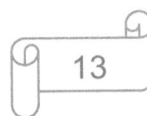

Introduction Générale

Bienvenue dans **" TOUT-EN-UN POUR APPRENDRE L'ARABE "**, un ouvrage conçu pour vous accompagner pas à pas dans l'apprentissage de l'arabe moderne. Que vous soyez un étudiant débutant ou que vous ayez déjà des bases rudimentaires, ce livre vous guidera de manière progressive, pratique et stimulante. L'objectif est d'outiller les apprenants avec les compétences linguistiques nécessaires pour comprendre, parler, lire et écrire en arabe, tout en découvrant la richesse culturelle et la diversité des pays arabophones.

L'arabe est une langue fascinante et profondément enracinée dans l'histoire et la culture mondiale. Parlée par plus de **400 millions de locuteurs natifs** sur plusieurs continents et utilisée comme langue liturgique par des centaines de millions de personnes dans le monde, elle est l'une des langues les plus influentes et stratégiques au niveau mondial. L'apprentissage de cette langue ouvre non seulement la porte à une meilleure compréhension culturelle, mais offre également des opportunités dans divers domaines tels que les affaires, le tourisme, la diplomatie ou encore les relations internationales.

Ce livre se démarque par sa **structure progressive et thématique**, couvrant non seulement les aspects linguistiques essentiels, mais aussi les éléments pratiques indispensables pour s'exprimer dans des situations de la vie quotidienne et professionnelle. Voici ce que vous découvrirez tout au long des différentes parties du livre :

1. **L'alphabet arabe et les bases fondamentales**

Nous débuterons par la présentation de **l'alphabet arabe**, la clé pour comprendre et lire cette belle langue. Vous apprendrez à reconnaître, prononcer et écrire les 28 lettres de l'alphabet ainsi que leurs différentes formes en fonction de leur position dans les mots. Cette partie vous initiera également aux **voyelles**

courtes et longues, aux signes diacritiques, et aux règles de base pour la lecture des mots arabes.

2. **La grammaire arabe : Les bases essentielles**

La grammaire arabe peut sembler intimidante au premier abord, mais grâce à notre approche pratique et simplifiée, vous maîtriserez rapidement les fondamentaux. Organisée en **10 chapitres méthodiques**, cette section couvre des concepts essentiels tels que :

- Les phrases nominales et verbales
- Les conjugaisons au passé et au présent
- Les pluriels réguliers et irréguliers
- Les accords entre les noms et les adjectifs
- Les cas grammaticaux (nominatif, accusatif et génitif)
- Les prépositions et l'état construit (إضافة)

Chaque règle est accompagnée d'exemples pratiques et d'exercices pour renforcer votre compréhension.

3. **La phonétique et la prononciation**

Une prononciation correcte est essentielle pour vous faire comprendre et pour mieux apprécier l'arabe oral. Dans cette partie, nous avons intégré des exercices détaillés pour vous aider à :

- Maîtriser les sons spécifiques comme les **lettres emphatiques** (ط، ص، ض، ظ) et les lettres gutturales (ع، ح، غ، خ)
- Faire la différence entre les voyelles longues et courtes

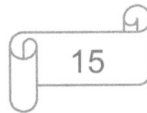

- Comprendre l'importance des liaisons, des assimilations et de l'accent tonique

Des conseils pratiques et des exercices d'écoute vous guideront pour perfectionner votre élocution.

4. **Histoires courtes pour pratiquer**

Pour enrichir votre vocabulaire et renforcer votre compréhension écrite, une série de **10 histoires progressives** vous sera proposée. Ces récits amusants et éducatifs, couvrant des thèmes variés tels que la vie quotidienne, les voyages et les aventures, sont rédigés en arabe et accompagnés de leur traduction complète en français. Chaque histoire inclut également :

- Un glossaire bilingue pour mémoriser les mots-clés
- Des questions de compréhension pour vérifier votre compréhension du texte

5. **Dialogues pratiques pour la communication orale**

Apprendre une langue signifie également développer votre **confiance pour communiquer à l'oral**. Vous trouverez **10 dialogues pratiques**, organisés par niveau (débutant, intermédiaire et avancé), pour vous entraîner dans diverses situations de la vie quotidienne :

- Commander dans un restaurant
- Prendre un taxi
- Réserver une chambre d'hôtel
- Avoir une discussion professionnelle ou informelle Chaque dialogue est accompagné d'une traduction complète, d'un vocabulaire clé et d'exercices de compréhension.

6. **Phrases utiles pour voyager**

Cette section rassemble **200 phrases essentielles**, couvrant les besoins d'un voyageur dans un pays arabophone. Vous y trouverez des expressions adaptées aux :

- Transports (aéroports, taxis, métros)
- Hébergements (réservations d'hôtel, check-in et check-out)
- Restaurants et magasins (commander un plat, demander le prix, faire des achats)
- Urgences (trouver un médecin, signaler une perte, demander de l'aide) Ces phrases sont accompagnées de leur traduction en français et classées thématiquement pour faciliter leur apprentissage.

7. **Expressions pour le monde professionnel**

Pour ceux qui souhaitent intégrer l'arabe dans un contexte professionnel, cette section propose **200 expressions spécifiques** utiles dans différents domaines, tels que :

- La communication au bureau
- Les réunions et présentations
- Les négociations et ventes
- Les ressources humaines et le recrutement
- Le marketing et la gestion de projets Ces expressions vous permettront de vous exprimer avec assurance dans le cadre d'interactions professionnelles.

8. **Test d'évaluation globale**

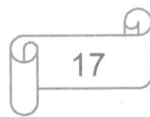

À la fin du livre, un **test complet** vous permettra de mesurer vos progrès. Ce test couvre diverses compétences : compréhension écrite, vocabulaire, grammaire, prononciation et mises en situation pratiques. Chaque exercice est accompagné d'une correction détaillée pour vous aider à vérifier vos réponses et à identifier vos points faibles.

Pourquoi apprendre l'arabe avec ce livre ?

1. **Une approche structurée et progressive** : Ce livre suit une progression logique, allant des bases nécessaires aux concepts plus avancés.

2. **Approche pratique** : Grâce aux dialogues, histoires et mises en situation, vous apprendrez à utiliser l'arabe dans des contextes réels.

3. **Double traduction intégrée** : Tous les textes en arabe sont accompagnés de leur traduction en français pour faciliter votre apprentissage.

4. **Exercices interactifs** : Chaque chapitre inclut des exercices pratiques avec corrections pour réviser et renforcer vos connaissances.

5. **Un outil culturel et fonctionnel** : Apprendre l'arabe, c'est aussi découvrir la richesse culturelle et la variété des pays arabophones.

Un voyage linguistique et culturel

Apprendre une langue, c'est aussi s'ouvrir à une autre culture et à un autre monde. Ce livre vous invite à explorer non seulement la langue arabe, mais également les nuances culturelles, les idiomes et les expressions qui font de cette langue une richesse mondiale.

Que vous soyez un étudiant enthousiaste, un professionnel cherchant à élargir ses compétences, ou un voyageur curieux, **"Maîtriser l'Arabe : Guide Complet**

pour Débutants et Intermédiaires" sera votre compagnon idéal dans cette aventure passionnante.

Nous vous souhaitons une excellente lecture et beaucoup de succès dans votre apprentissage de la langue arabe !

Partie I : Leçons jour après jour

Cette première partie vous initie à l'alphabet arabe, aux voyelles et aux règles de base de la lecture et de l'écriture. Vous découvrirez les 28 lettres sous leurs différentes formes ainsi que les sons essentiels pour poser les fondations de votre apprentissage. Avec des exercices pratiques, cette section vous aidera à lire et écrire vos premiers mots en arabe.

Leçon 1 : Introduction à l'alphabet arabe

Bienvenue dans votre voyage d'apprentissage de l'arabe ! Aujourd'hui, nous allons commencer par les bases : l'alphabet arabe.

L'alphabet arabe

L'alphabet arabe, appelé "abjad" en arabe, se compose de 28 lettres. Contrairement à l'alphabet latin, l'arabe s'écrit de droite à gauche. Voici les premières lettres que nous allons apprendre aujourd'hui :

1. ا (Alif) : Prononcé comme le "a" dans "chat"
2. ب (Ba) : Prononcé comme le "b" dans "bébé"
3. ت (Ta) : Prononcé comme le "t" dans "table"
4. ث (Tha) : Prononcé comme le "th" dans l'anglais "think"

Écriture des lettres

Chaque lettre a une forme isolée et peut changer légèrement lorsqu'elle est connectée à d'autres lettres dans un mot. Voici comment écrire ces lettres :

- ا : Un simple trait vertical
- ب : Un demi-cercle avec un point en dessous
- ت : Comme le "ب", mais avec deux points au-dessus
- ث : Comme le "ب", mais avec trois points au-dessus

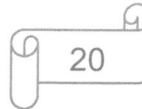

Vocabulaire utile

Apprenons quelques mots simples avec ces lettres :

- أب (Ab) : Père
- باب (Bab) : Porte
- تاج (Taj) : Couronne

Exemple de phrase

أنا أب (Ana ab) : Je suis un père

Exercice

Exercice 1 : Reconnaissance des lettres

Consigne : Associez chaque lettre arabe à sa transcription phonétique correcte en français.

1. ا →
2. ب →
3. ت →
4. ث →
5. ت + ب →
6. ا + ت →

Exercice 2 : Écriture des mots

Consigne : Écrivez les mots suivants en alphabet arabe.

1. Baba (papa)
2. Ata (il est venu)
3. Tata (elle est venue)
4. Tab (il a guéri)
5. Bat (il a passé la nuit)

Exercice 3 : Complétez les phrases

Consigne : Complétez les phrases suivantes avec le mot arabe correspondant.

1. أنا ____ (Ana ___) : Je suis un père.
2. هذا ____ (Hādhā ___) : Ceci est une porte.
3. أنا ____ (Ana ___) : Je suis venu.
4. أنتِ ____ (Anti ___) : Tu es venue.
5. هو ____ (Houwa ___) : Il a guéri.

Corrections

Correction de l'exercice 1

1. ا → Alif
2. ب → Ba
3. ت → Ta
4. ث → Tha
5. ب + ت → بت
6. ا + ت → تا

Correction de l'exercice 2

1. Baba → بابا
2. Ata → أتى
3. Tata → أتت
4. Tab → طاب
5. Bat → بات

Correction de l'exercice 3

1. أب أنا (Ana ab)
2. باب هذا (Hādhā bāb)
3. أتى أنا (Ana atā)
4. أتت أنتِ (Anti atat)
5. طاب هو (Houwa ṭāb)

Ces exercices permettent de s'exercer à la reconnaissance, l'écriture et la construction de phrases simples en arabe !

Leçon 2 : Les voyelles courtes et longues en arabe

Bienvenue à votre deuxième leçon d'arabe ! Aujourd'hui, nous allons explorer les voyelles en arabe, un élément crucial pour la prononciation et la lecture correctes.

Les voyelles courtes

En arabe, les voyelles courtes sont représentées par des signes diacritiques placés au-dessus ou en dessous des consonnes. Il y en a trois :

1. ◌َ (Fatha) : Un petit trait au-dessus de la lettre, prononcé comme "a" dans "chat"
2. ◌ِ (Kasra) : Un petit trait en dessous de la lettre, prononcé comme "i" dans "lit"
3. ◌ُ (Damma) : Un petit crochet au-dessus de la lettre,

prononcé comme "ou" dans "bout"

Les voyelles longues

Les voyelles longues sont formées en combinant une voyelle courte avec une lettre spécifique :

1. ا (Alif) avec Fatha : آ prononcé comme un "aa" long
2. ي (Ya) avec Kasra : ي prononcé comme un "ii" long
3. و (Waw) avec Damma : و prononcé comme un "ou" long

Vocabulaire utile

Apprenons quelques mots en utilisant ces voyelles :

- كَتَبَ (Kataba) : Il a écrit
- كِتَاب (Kitaab) : Livre
- قُلْ (Qul) : Dis
- فِي (Fii) : Dans
- لَا (Laa) : Non

Exemple de phrase

أَنَا أَقْرَأُ كِتَابًا (Ana aqra'u kitaaban) : Je lis un livre

Exercice

Exercice 1 : Identification des Voyelles

Consigne : Complétez les mots suivants en ajoutant les voyelles courtes (Fatha, Kasra ou Damma) appropriées.

1. كـتـب
2. قـلـم
3. بـيـت
4. سـلام
5. فـي

Exercice 2 : Différenciation des Voyelles Longues et Courtes

Consigne : Indiquez si les mots suivants contiennent une voyelle courte ou une voyelle longue.

1. كِتاب
2. قُل
3. في
4. كَتَب

5. لا

Exercice 3 : Lecture et Compréhension

Consigne : Traduisez les phrases suivantes en français et identifiez les voyelles longues et courtes.

1. أنا أَقْرَأُ كِتابًا.
2. في البَيْتِ قَلَمٌ.
3. لا أُرِيدُ الطَّعَامَ.
4. كَتَبَ الوَلَدُ دَرْسًا.
5. قُلْ الحَقَّ.

Corrections

Correction de l'Exercice 1

1. كَتَبَ
2. قَلَمٌ
3. بَيْتٌ
4. سَلَامٌ
5. فِي

Correction de l'Exercice 2

1. كِتاب → Voyelle longue (Kasra + Ya)
2. قُل → Voyelle courte (Damma)
3. في → Voyelle longue (Kasra + Ya)
4. كَتَبَ → Voyelles courtes (Fatha)
5. لا → Voyelle longue (Fatha + Alif)

Correction de l'Exercice 3

1. **Traduction** : Je lis un livre. **Voyelles** : Courte (Fatha sur أ), Longue (Kasra + Ya dans كِتابًا).
2. **Traduction** : Il y a un stylo dans la maison. **Voyelles** : Longue (Kasra + Ya dans في), Courte (Damma sur قَلَمٌ).
3. **Traduction** : Je ne veux pas de nourriture. **Voyelles** : Longue (Fatha + Alif dans لَا), Courte (Damma sur أُرِيدُ).
4. **Traduction** : Le garçon a écrit une leçon. **Voyelles** : Courtes (Fatha dans كَتَبَ et دَرْسًا).

5. **Traduction** : Dis la vérité. **Voyelles** : Courte (Damma sur قُلْ), Longue (Fatha + Alif dans الحَقّ).

Ces exercices aident à comprendre l'importance des voyelles courtes et longues dans la prononciation et le sens des mots en arabe !

Leçon 3 : Les lettres ج ح خ et la notion de racine

Bienvenue à votre troisième leçon d'arabe ! Aujourd'hui, nous allons découvrir trois nouvelles lettres et introduire le concept fondamental de racine en arabe.

Nouvelles lettres

1. ج (Jīm) : Prononcé comme le "j" dans "jour"
2. ح (Ḥā') : Un son guttural, prononcé comme un "h" aspiré du fond de la gorge
3. خ (Khā') : Prononcé comme la "jota" espagnole ou le "ch" allemand dans "Bach"

Écriture des lettres

- ج : Ressemble à un crochet avec un point en dessous
- ح : Comme le ج mais sans le point
- خ : Comme le ح mais avec un point au-dessus

Le concept de racine

En arabe, la plupart des mots sont construits à partir de racines, généralement composées de trois consonnes. Ces racines portent une signification de base, et différents mots peuvent être formés en ajoutant des voyelles et des affixes.

Exemple : La racine ك-ت-ب (K-T-B) est liée à l'idée d'écriture.

- كَتَبَ (kataba) : il a écrit
- كِتَاب (kitāb) : livre
- مَكْتَب (maktab) : bureau
- كَاتِب (kātib) : écrivain

Vocabulaire utile

- جَمِيل (jamīl) : beau
- حُبّ (ḥubb) : amour

- خُبْز (khubz) : pain
- جَلَسَ (jalasa) : il s'est assis

Exemple de phrase

الْخُبْزُ جَمِيلٌ وَطَازَجٌ (al-khubzu jamīlun wa-ṭāzajun) : Le pain est beau et frais

Exercice

Exercice 1 : Identification des Lettres ج ح خ

Consigne : Associez chaque lettre arabe à sa prononciation correcte.

1. ج →
2. ح →
3. خ →
4. ج + خ →
5. خ + ح →

Exercice 2 : Trouver la Racine

Consigne : Trouvez la racine des mots suivants en retirant les voyelles et les préfixes/suffixes.

1. جَلَسَ (jalasa - il s'est assis)
2. حُبّ (ḥubb - amour)
3. خُبْز (khubz - pain)
4. مُجْتَمَع (mujtama' - société)
5. مَحَبَّة (maḥabba - affection)

Exercice 3 : Construire des Mots

Consigne : Formez des mots à partir de la racine ج-م-ل (J-M-L), liée à la beauté.

1. Le mot pour "beau" : _____
2. Le mot pour "embellir" : _____
3. Le mot pour "beauté" : _____

Corrections

Correction de l'Exercice 1

1. ج → Jīm (prononcé comme le "j" dans "jour")
2. ح → Ḥā' (un "h" aspiré du fond de la gorge)
3. خ → Khā' (un son guttural comme le "ch" allemand dans "Bach")
4. ج + خ → خج
5. خ + ح → حخ

Correction de l'Exercice 2

1. جَلَسَ → Racine : ج-ل-س
2. حُبّ → Racine : ح-ب-ب
3. خُبْز → Racine : خ-ب-ز
4. مُجْتَمَع → Racine : ج-م-ع
5. مَحَبَّة → Racine : ح-ب-ب

Correction de l'Exercice 3

1. Beau → جَمِيل (jamīl)
2. Embellir → جَمَّلَ (jammala)
3. Beauté → جَمَال (jamāl)

Ces exercices permettent de s'exercer à la reconnaissance des lettres et à la compréhension du concept de racine en arabe !

Leçon 4 : Les lettres د ذ ر ز et le masculin/féminin en arabe

Bienvenue à la quatrième leçon ! Aujourd'hui, nous allons nous concentrer sur quatre nouvelles lettres et explorer une règle essentielle en arabe : la distinction entre le masculin et le féminin.

Nouvelles lettres

1. د **(Dāl)** : Prononcé comme le "d" dans "donner"
2. ذ **(Dhāl)** : Prononcé comme le "th" dans l'anglais "this" (un son doux)
3. ر **(Rā')** : Prononcé comme un "r" roulé, similaire au "r" espagnol
4. ز **(Zāy)** : Prononcé comme le "z" dans "zèbre"

Écriture des lettres

Ces lettres sont simples et ne se connectent pas aux lettres qui suivent, mais elles se connectent à celles qui les précèdent. Voici leur écriture isolée et au début/milieu/fin d'un mot :

Lettre	Isolée	Début de mot	Milieu de mot	Fin de mot
د	د	د	ـد	ـد
ذ	ذ	ذ	ـذ	ـذ
ر	ر	ر	ـر	ـر
ز	ز	ز	ـز	ـز

Règle grammaticale : Le masculin et le féminin

En arabe, les mots sont généralement classés
comme **masculins** ou **féminins**.
Voici quelques points clés à retenir :

1. La majorité des **noms féminins** se terminent par le suffixe ـة (appelée "taa marbouta"). Par exemple :
   - كِتَاب (kitāb) : livre (masculin)
   - مَدْرَسَة (madrasa) : école (féminin)
2. Les adjectifs s'accordent en genre :
   - أُسْتَاذ قَدِيم (ustādh qadīm) : un professeur ancien (masculin)
   - أُسْتَاذَة قَدِيمَة (ustādha qadīma) : une professeure ancienne (féminin)

Vocabulaire utile

- دَار (dār) : maison
- ذَهَبَ (dhahaba) : il est allé
- رَجُل (rajul) : homme
- زَهْرَة (zahra) : fleur

Exemple de phrase

ذَهَبَ الرَّجُلُ إِلَى دَارِهِ (dhahaba al-rajulu ilā dārihi) : L'homme est allé à sa maison.

Exercice

Exercice 1 : Identification des Lettres د ذ ر ز

Consigne : Associez chaque lettre arabe à sa transcription phonétique correcte.

1. د →
2. ذ →
3. ر →
4. ز →
5. ز + ر →
6. ذ + د →

Exercice 2 : Masculin ou Féminin

Consigne : Identifiez si les mots suivants sont masculins ou féminins.

1. زَهْرَة (zahra)
2. رَجُل (rajul)
3. مَدْرَسَة (madrasa)
4. كِتَاب (kitāb)
5. دَار (dār)

Exercice 3 : Accord des Adjectifs

Consigne : Complétez les phrases suivantes avec l'adjectif approprié au masculin ou au féminin.

1. دَار _____ (كَبِيرَة / كَبِير) : Une grande maison
2. رَجُل _____ (قَصِيرَة / قَصِير) : Un homme petit
3. زَهْرَة _____ (جَمِيلَة / جَمِيل) : Une fleur belle
4. مَدْرَسَة _____ (قَدِيمَة / قَدِيم) : Une école ancienne
5. كِتَاب _____ (مُفِيدَة / مُفِيد) : Un livre utile

Corrections

Correction de l'Exercice 1

1. د → Dāl
2. ذ → Dhāl
3. ر → Rā'
4. ز → Zāy
5. ر + رز → ز
6. د + دذ → ذ

Correction de l'Exercice 2

1. زَهْرَة (zahra) → Féminin
2. رَجُل (rajul) → Masculin
3. مَدْرَسَة (madrasa) → Féminin
4. كِتَاب (kitāb) → Masculin
5. دَار (dār) → Féminin

Correction de l'Exercice 3

1. دَار **كَبِيرَة** (dār kabīra)
2. رَجُل **قَصِير** (rajul qaṣīr)
3. زَهْرَة **جَمِيلَة** (zahra jamīla)
4. مَدْرَسَة **قَدِيمَة** (madrasa qadīma)
5. كِتَاب **مُفِيد** (kitāb mufīd)

Ces exercices aident à maîtriser la distinction entre le masculin et le féminin en arabe tout en renforçant la reconnaissance des nouvelles lettres

Leçon 5 : Les lettres س ش ص ض et les nombres de 1 à 10

Bienvenue à la cinquième leçon ! Aujourd'hui, nous allons découvrir quatre nouvelles lettres et apprendre les nombres de 1 à 10 en arabe.

Nouvelles lettres

1. س **(Sīn)** : Prononcé comme le "s" dans "soleil"
2. ش **(Shīn)** : Prononcé comme le "ch" dans "chat"
3. ص **(Ṣād)** : Un "s" emphatique, prononcé avec la langue plus en arrière dans la bouche
4. ض **(Ḍād)** : Un "d" emphatique, unique à la langue arabe

Écriture des lettres

Lettre	Isolée	Début de mot	Milieu de mot	Fin de mot
س	س	سـ	ـسـ	ـس
ش	ش	شـ	ـشـ	ـش
ص	ص	صـ	ـصـ	ـص
ض	ض	ضـ	ـضـ	ـض

Les nombres de 1 à 10

1. واحِد (wāḥid)
2. اِثْنان (ithnān)
3. ثَلاثة (thalātha)
4. أَرْبَعة (arba'a)
5. خَمْسة (khamsa)
6. سِتّة (sitta)
7. سَبْعة (sab'a)
8. ثَمانِية (thamāniya)
9. تِسْعة (tis'a)
10. عَشَرة ('ashara)

Vocabulaire utile

- سَلام (salām) : paix
- شَمْس (shams) : soleil
- صَباح (ṣabāḥ) : matin
- ضَوْء (ḍaw') : lumière

Exemple de phrase

الشَّمْسُ تُشْرِقُ فِي الصَّباحِ (al-shamsu tushriqu fī al-ṣabāḥi) : Le soleil se lève le matin.

Exercice

Exercice 1 : Identification des Lettres س ش ص ض

Consigne : Associez chaque lettre arabe à sa transcription phonétique correcte.

1. س →
2. ش →
3. ص →
4. ض →
5. س + ص →
6. ض + ش →

Exercice 2 : Écriture des Nombres

Consigne : Écrivez les nombres suivants en lettres arabes.

1. 3
2. 6
3. 8
4. 9
5. 10

Exercice 3 : Complétez les Phrases

Consigne : Complétez les phrases suivantes en insérant les mots corrects en arabe.

1. _____ تُشْرِقُ فِي الصَّباحِ (Le soleil se lève le matin).
2. لَدَيَّ _____ كُتُبٍ (J'ai cinq livres).
3. نَحْنُ _____ يَوْمٍ كُلَّ (Nous allons à l'école chaque jour).
4. أَنَا أَتَناوَلُ _____ فِي الصَّبَاحِ (Je prends le petit-déjeuner le matin).
5. ثَمانِيةَ _____ فِي الحَقِيبَةِ (Il y a huit cahiers dans le sac).

Corrections

Correction de l'Exercice 1

1. س → Sīn (comme "s" dans "soleil")
2. ش → Shīn (comme "ch" dans "chat")
3. ص → Ṣād (un "s" emphatique)

4. ض → Ḍād (un "d" emphatique unique à l'arabe)

5. ص + صس → س

6. ش + شض → ض

Correction de l'Exercice 2

1. 3 → ثَلاثة (thalātha)
2. 6 → سِتّة (sitta)
3. 8 → ثَمانِية (thamāniya)
4. 9 → تِسْعة (tis'a)
5. 10 → عَشَرة ('ashara)

Correction de l'Exercice 3

1. الشَّمْسُ تُشْرِقُ فِي الصَّباحِ (al-shamsu tushriqu fī al-ṣabāḥi)
2. لَدَيَّ خَمْسَة كُتُبٍ (ladayya khamsa kutubin)
3. نَحْنُ نَذْهَبُ إِلَى المَدْرَسَةِ كُلَّ يَوْمٍ (naḥnu nadhhabu ilā al-madrasati kulla yawmin)
4. أنا أَتَناوَلُ الفَطُورَ فِي الصَّبَاحِ (anā atanaawalu al-faṭūra fī al-ṣabāḥ)
5. ثَمانِية دَفاتِرِ فِي الحَقِيبَةِ (thamāniya dafātir fī al-ḥaqība)

Ces exercices permettent de renforcer la reconnaissance des lettres, la maîtrise des nombres et la construction de phrases en arabe

Leçon 6 : Les lettres ط ظ ع غ et les pronoms personnels

Bienvenue à la sixième leçon ! Aujourd'hui, nous allons découvrir quatre nouvelles lettres et apprendre les pronoms personnels en arabe.

Nouvelles lettres

1. **ط (Ṭā')** : Un "t" emphatique, prononcé avec la langue plus en arrière dans la bouche
2. **ظ (Ẓā')** : Un "z" emphatique, proche du "th" anglais dans "this" mais plus fort
3. ع **('Ayn)** : Un son guttural unique à l'arabe, produit au fond de la gorge

4. غ **(Ghayn)** : Ressemble au "r" parisien ou au "g" néerlandais

Écriture des lettres

Lettre	Isolée	Début de mot	Milieu de mot	Fin de mot
ط	ط	طـ	ـطـ	ـط
ظ	ظ	ظـ	ـظـ	ـظ
ع	ع	عـ	ـعـ	ـع
غ	غ	غـ	ـغـ	ـغ

Les pronoms personnels

1. أنا (anā) : Je
2. أَنْتَ (anta) : Tu (masculin)
3. أَنْتِ (anti) : Tu (féminin)
4. هُوَ (huwa) : Il
5. هِيَ (hiya) : Elle
6. نَحْنُ (naḥnu) : Nous
7. أَنْتُم (antum) : Vous (pluriel masculin ou mixte)
8. أَنْتُنَّ (antunna) : Vous (pluriel féminin)
9. هُم (hum) : Ils
10. هُنَّ (hunna) : Elles

Vocabulaire utile

- طَعام (ṭa'ām) : nourriture
- ظَرْف (ẓarf) : enveloppe, circonstance
- عَيْن ('ayn) : œil
- غَدًا (ghadan) : demain

Exemple de phrase

أنا أَطْبُخُ الطَّعامَ غَدًا (anā aṭbukhu al-ṭa'āma ghadan) : Je cuisine la nourriture demain.

Exercice

Exercice 1 : Identification des Lettres ط ظ ع غ

Consigne : Associez chaque lettre arabe à sa transcription phonétique correcte.

1. ط →
2. ظ →
3. ع →
4. غ →

5. ط + غ →

6. ظ + ع →

Exercice 2 : Les Pronoms Personnels

Consigne : Complétez le tableau en indiquant le pronom personnel correspondant.

Français	Arabe
Je	?
Tu (masculin)	?
Tu (féminin)	?
Il	?
Elle	?
Nous	?
Vous (masc. pl.)	?
Vous (fém. pl.)	?
Ils	?
Elles	?

Exercice 3 : Complétez les Phrases

Consigne : Remplissez les espaces vides avec le pronom personnel correct en arabe.

1. ____ أَذْهَبُ إِلى المَدْرَسَةِ (Je vais à l'école).
2. ____ يَكْتُبُ الدَّرْسَ (Il écrit la leçon).
3. ____ نَشْرَبُ المَاءَ (Nous buvons de l'eau).
4. ____ تَأْكُلُ الطَّعَامَ (Elle mange la nourriture).
5. ____ تَذْهَبِينَ إِلى البَيْتِ (Tu vas à la maison - féminin).

Corrections

Correction de l'Exercice 1

1. ط → Ṭā' (un "t" emphatique)
2. ظ → Ẓā' (un "z" emphatique proche du "th" anglais dans "this")
3. ع → 'Ayn (son guttural produit au fond de la gorge)
4. غ → Ghayn (similaire au "r" parisien)
5. ط + غ → طغ
6. ظ + ع → ظع

Correction de l'Exercice 2

Français	Arabe
Je	أنا (anā)
Tu (masculin)	أنتَ (anta)
Tu (féminin)	أنتِ (anti)
Il	هُوَ (huwa)
Elle	هِيَ (hiya)
Nous	نَحْنُ (naḥnu)
Vous (masc. pl.)	أنتُم (antum)
Vous (fém. pl.)	أنتُنَّ (antunna)
Ils	هُم (hum)
Elles	هُنَّ (hunna)

Correction de l'Exercice 3

1. أنا أَذْهَبُ إلى المَدْرَسَةِ (anā adhhabu ilā al-madrasati)
2. هُوَ يَكْتُبُ الدَّرْسَ (huwa yaktubu al-darsa)
3. نَحْنُ نَشْرَبُ المَاءَ (naḥnu nashrabu al-mā'a)
4. هِيَ تَأْكُلُ الطَّعَامَ (hiya ta'kulu al-ṭa'āma)
5. أَنْتِ تَذْهَبِينَ إلى البَيْتِ (anti tadhhabīna ilā al-bayti)

Ces exercices permettent d'améliorer la reconnaissance des lettres غ ع ظ ط et de maîtriser l'utilisation des pronoms personnels en arabe

Leçon 7 : Les lettres ف ق ك ل et la conjugaison au présent

Bienvenue à la septième leçon ! Aujourd'hui, nous allons découvrir quatre nouvelles lettres et apprendre la conjugaison des verbes au présent en arabe.

Nouvelles lettres

1. **ف (Fā')** : Prononcé comme le "f" dans "feu"
2. **ق (Qāf)** : Un "k" guttural, prononcé plus profondément dans la gorge
3. **ك (Kāf)** : Prononcé comme le "k" dans "kilo"
4. **ل (Lām)** : Prononcé comme le "l" dans "lune"

Écriture des lettres

Lettre	Isolée	Début de mot	Milieu de mot	Fin de mot
ف	ف	فـ	ـفـ	ـف
ق	ق	قـ	ـقـ	ـق
ك	ك	كـ	ـكـ	ـك
ل	ل	لـ	ـلـ	ـل

La conjugaison au présent

En arabe, la conjugaison au présent se fait en ajoutant des préfixes et des suffixes à la racine du verbe. Prenons l'exemple du verbe كَتَبَ (kataba - écrire) :

- أَكْتُبُ أنا (anā aktubu) : J'écris
- تَكْتُبُ أَنْتَ (anta taktubu) : Tu écris (masculin)
- تَكْتُبِينَ أَنْتِ (anti taktubīna) : Tu écris (féminin)
- يَكْتُبُ هُوَ (huwa yaktubu) : Il écrit
- تَكْتُبُ هِيَ (hiya taktubu) : Elle écrit
- نَكْتُبُ نَحْنُ (naḥnu naktubu) : Nous écrivons
- تَكْتُبُونَ أَنْتُمْ (antum taktubūna) : Vous écrivez (pluriel masculin ou mixte)
- تَكْتُبْنَ أَنْتُنَّ (antunna taktubna) : Vous écrivez (pluriel féminin)
- يَكْتُبُونَ هُمْ (hum yaktubūna) : Ils écrivent
- يَكْتُبْنَ هُنَّ (hunna yaktubna) : Elles écrivent

Vocabulaire utile

- فَتَحَ (fataḥa) : ouvrir
- قَرَأَ (qara'a) : lire
- كَلِمَة (kalima) : mot
- لَعِبَ (la'iba) : jouer

Exemple de phrase

الطُّلَّابُ يَقْرَؤُونَ الكُتُبَ فِي المَكْتَبَةِ (aṭ-ṭullābu yaqra'ūna al-kutuba fī al-maktabati) : Les étudiants lisent les livres dans la bibliothèque.

Exercice

Exercice 1 : Identification des Lettres ف ق ك ل

Consigne : Associez chaque lettre arabe à sa transcription phonétique correcte.

1. ف →
2. ق →
3. ك →
4. ل →
5. ق + ك →
6. ف + ل →

Exercice 2 : Conjugaison au Présent

Consigne : Complétez le tableau en conjuguant le verbe **فَتَحَ (fataḥa - ouvrir)** au présent.

Français	Arabe
Je (ouvre)	?
Tu (masculin)	?
Tu (féminin)	?
Il	?
Elle	?
Nous	?
Vous (masc. pl.)	?
Ils	?

Exercice 3 : Complétez les Phrases

Consigne : Remplissez les espaces vides avec le verbe conjugué correctement en arabe.

1. أنا ____ الباب (J'ouvre la porte).
2. هو ____ الكتاب (Il lit le livre).
3. نحن ____ يوم كل المدرسة (Nous allons à l'école chaque jour).
4. أنتِ ____ العربية اللغة (Tu apprends l'arabe - féminin).
5. هم ____ الحديقة في (Ils jouent dans le jardin).

Corrections

Correction de l'Exercice 1

1. ف → Fā' (comme "f" dans "feu")
2. ق → Qāf (un "k" guttural, prononcé plus profondément dans la gorge)

3. ك → Kāf (comme "k" dans "kilo")

4. ل → Lām (comme "l" dans "lune")

5. ك → كق + ق

6. ل → فل + ف

Correction de l'Exercice 2

Français	**Arabe**
Je (ouvre)	أنا أفتَحُ (anā aftaḥu)
Tu (masculin)	أنتَ تَفتَحُ (anta taftaḥu)
Tu (féminin)	أنتِ تَفتَحِينَ (anti taftaḥīna)
Il	هُوَ يَفتَحُ (huwa yaftaḥu)
Elle	هِيَ تَفتَحُ (hiya taftaḥu)
Nous	نَحْنُ نَفتَحُ (naḥnu naftaḥu)
Vous (masc. pl.)	أنتُم تَفتَحُونَ (antum taftaḥūna)
Ils	هُم يَفتَحُونَ (hum yaftaḥūna)

Correction de l'Exercice 3

1. أنا أَفْتَحُ الباب (anā aftaḥu al-bāba)

2. هو يَقْرَأُ الكتاب (huwa yaqra'u al-kitāba)

3. نحن نَذْهَبُ إلى المدرسة كل يوم (naḥnu nadhhabu ilā al-madrasati kulla yawmin)

4. أنتِ تَدْرُسِينَ اللغة العربية (anti tadrusīna al-lughata al-'arabiyya)

5. هم يَلْعَبُونَ في الحديقة (hum yal'abūna fī al-ḥadīqa)

Ces exercices permettent d'améliorer la reconnaissance des lettres ل ك ق ف et de renforcer la conjugaison des verbes au présent en arabe

Leçon 8 : Les lettres م ن هـ و et les adjectifs possessifs

Bienvenue à la huitième leçon ! Aujourd'hui, nous allons découvrir les quatre dernières lettres de l'alphabet arabe et apprendre les adjectifs possessifs.

Dernières lettres de l'alphabet

1. م **(Mīm)** : Prononcé comme le "m" dans "maison"

2. ن **(Nūn)** : Prononcé comme le "n" dans "nuit"

3. **هـ (Hā')** : Prononcé comme le "h" dans "homme"
4. **و (Wāw)** : Prononcé comme le "w" dans l'anglais "water" ou "ou" dans "oui"

Écriture des lettres

Lettre	Isolée	Début de mot	Milieu de mot	Fin de mot
م	م	مـ	ـمـ	ـم
ن	ن	نـ	ـنـ	ـن
هـ	ه	هـ	ـهـ	ـه
و	و	و	ـو	ـو

Les adjectifs possessifs

En arabe, les adjectifs possessifs sont des suffixes ajoutés à la fin des noms. Voici les principaux :

- ـي (-ī) : mon/ma
- ـكَ (-ka) : ton/ta (masculin)
- ـكِ (-ki) : ton/ta (féminin)
- ـهُ (-hu) : son/sa (masculin)
- ـها (-hā) : son/sa (féminin)
- ـنا (-nā) : notre
- ـكُم (-kum) : votre (pluriel masculin ou mixte)
- ـكُنَّ (-kunna) : votre (pluriel féminin)
- ـهُم (-hum) : leur (masculin)
- ـهُنَّ (-hunna) : leur (féminin)

Vocabulaire utile

- مَنْزِل (manzil) : maison
- نافِذة (nāfidha) : fenêtre
- هاتِف (hātif) : téléphone
- وَلَد (walad) : garçon

Exemple de phrase

هَذا مَنْزِلي وَتِلْكَ نافِذَتُهُ (hādhā manzilī wa-tilka nāfidhatuhu) : Ceci est ma maison et cela est sa fenêtre.

Exercice

Exercice 1 : Identification des Lettres م ن هـ و

Consigne : Associez chaque lettre arabe à sa transcription phonétique correcte.

1. م →
2. ن →
3. هـ →
4. و →
5. م + ن →
6. هـ + و →

Exercice 2 : Utilisation des Adjectifs Possessifs

Consigne : Complétez chaque mot avec l'adjectif possessif correct en arabe.

1. كِتاب___ (mon livre)
2. مَدْرَسَة___ (leur école - masculin)
3. هاتِف___ (ton téléphone - féminin)
4. بَيْت___ (notre maison)
5. وَلَد___ (son garçon - à elle)

Exercice 3 : Traduction et Analyse

Consigne : Traduisez les phrases suivantes en arabe en insérant l'adjectif possessif correct.

1. Ceci est **ma** maison.
2. Il a pris **ton** cahier (masculin).
3. Leur professeur (féminin) est très gentille.
4. Nous avons rencontré **votre** ami (pluriel masculin).
5. Son stylo (à lui) est rouge.

Corrections

Correction de l'Exercice 1

1. م → Mīm (comme "m" dans "maison")
2. ن → Nūn (comme "n" dans "nuit")
3. هـ → Hā' (comme "h" dans "homme")
4. و → Wāw (comme "w" dans "water" ou "ou" dans "oui")
5. م + ن → من
6. هـ + هو → و

Correction de l'Exercice 2

1. كِتابي (kitābī)

2. مَدْرَسَتُهُم (madrasatuhum)

3. هاتِفُكِ (hātifuki)

4. بَيْتُنا (baytunā)

5. وَلَدُها (waladuhā)

Correction de l'Exercice 3

1. مَنْزِلي هَذا (hādhā manzilī)

2. دَفْتَرَكَ أَخَذَ (akhadha daftaraka)

3. مُعَلِّمَتُهُم لَطِيفَةٌ جِدًّا (mu‘allimatuhum laṭīfa jiddan)

4. صَدِيقَكُم لَقِينَا (laqīnā ṣadīqakum)

5. أَحْمَرُ قَلَمُهُ (qalāmuhu aḥmar)

Ces exercices aident à reconnaître les lettres م ن هـ و et à maîtriser les adjectifs possessifs en arabe

Leçon 9 : Les phrases nominales et verbales

Bienvenue à la neuvième leçon ! Aujourd'hui, nous allons explorer deux types de phrases fondamentales en arabe : les phrases nominales et les phrases verbales.

1. Les phrases nominales

En arabe, une phrase nominale est une phrase qui commence par un nom ou un pronom. Elle n'a pas besoin de verbe et est souvent utilisée pour décrire un état ou une caractéristique.

Structure : Sujet + Prédicat

Exemples :

- جَدِيدٌ الكِتابُ (al-kitābu jadīdun) : Le livre est nouveau.
- كَبِيرَةٌ المَدْرَسَةُ (al-madrasatu kabīratun) : L'école est grande.
- طالِبٌ أنا (anā ṭālibun) : Je suis un étudiant.

2. Les phrases verbales

Une phrase verbale commence par un verbe et est utilisée pour exprimer une action.

Structure : Verbe + Sujet + Complément(s)

Exemples :

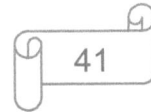

- يَقْرَأُ الطالِبُ الكِتابَ (yaqra'u al-ṭālibu al-kitāba) : L'étudiant lit le livre.
- تَطْبُخُ الأُمُّ الطَّعامَ (taṭbukhu al-ummu al-ṭa'āma) : La mère cuisine le repas.
- ذَهَبْتُ إلى السُّوقِ (dhahabtu ilā al-sūqi) : Je suis allé au marché.

Vocabulaire utile

- جَميل (jamīl) : beau
- طَويل (ṭawīl) : long, grand (taille)
- سَريع (sarī') : rapide
- بَطيء (baṭī') : lent

Exemple de phrase complexe

الوَلَدُ الطَّويلُ يَلْعَبُ كُرَةَ القَدَمِ بِسُرْعَةٍ فِي الحَدِيقَةِ الكَبِيرَةِ
(al-waladu al-ṭawīlu yal'abu kurata al-qadami bisur'atin fī al-ḥadīqati al-kabīrati)
Le grand garçon joue au football rapidement dans le grand jardin.

Exercice

Exercice 1 : Identifier le Type de Phrase

Consigne : Indiquez si les phrases suivantes sont **nominales** ou **verbales**.

1. اليَوْمَ حارٌّ الجَوُّ
2. يَشْرَبُ الرَّجُلُ القَهْوَةَ
3. ذَكِيَّةٌ المُعَلِّمَةُ
4. تَدْرُسُ الطِّفْلَةُ اللُّغَةَ العَرَبِيَّةَ
5. مُفِيدٌ الكِتابُ

Exercice 2 : Transformation en Phrase Négative

Consigne : Transformez ces phrases affirmatives en phrases négatives en utilisant **لَيْسَ** pour les phrases nominales et **ما** pour les phrases verbales.

1. جَميلٌ الطَّقْسُ
2. ذَهَبَ الوَلَدُ إلى المَدْرَسَةِ
3. ذَكِيَّةٌ البِنْتُ
4. أَكَلْتُ الطَّعَامَ
5. مُجْتَهِدٌ الوَلَدُ

Exercice 3 : Formation de Questions

Consigne : Transformez les phrases suivantes en questions en utilisant **هَل** pour les phrases nominales et أ pour les phrases verbales.

1. الحَديقَةِ في تَلْعَبُ البِنْتُ
2. الفَصْلِ في المُدَرِّسُ
3. الحَليبَ الطِّفْلُ يَشْرَبُ
4. الكِتابَةَ يُحِبُّ الوَلَدُ
5. كَبِيرٌ البَيْتُ

Corrections

Correction de l'Exercice 1

1. اليَوْمَ حارٌّ الجَوُّ → **Phrase nominale**
2. القَهْوَةَ الرَّجُلُ يَشْرَبُ → **Phrase verbale**
3. ذَكِيَّةٌ المُعَلِّمَةُ → **Phrase nominale**
4. العَرَبِيَّةَ اللُّغَةَ الطِّفْلَةُ تَدْرُسُ → **Phrase verbale**
5. مُفِيدٌ الكِتابُ → **Phrase nominale**

Correction de l'Exercice 2

1. **ًجَميلا لَيْسَ** جَميلٌ → الطَّقْسُ الطَّقْسُ
2. **َذَهَب** المَدْرَسَةِ → **ما** إلى الوَلَدُ ذَهَبَ **المَدْرَسَةِ إلى الوَلَدُ**
3. **يَّةًِذَك لَيْسَتْ** ذَكِيَّةٌ → البِنْتُ البِنْتُ
4. **الطَّعَامَ أَكَلْتُ** الطَّعَامَ → **ما** أَكَلْتُ
5. **مُجْتَهِدًا لَيْسَ** مُجْتَهِدٌ → الوَلَدُ الوَلَدُ

Correction de l'Exercice 3

1. **تَلْعَبُ** الحَديقَةِ → **هَل** في تَلْعَبُ البِنْتُ **الحَديقَةِ؟ في البِنْتُ**
2. **في المُدَرِّسُ** الفَصْلِ → **هَل** في المُدَرِّسُ **الفَصْلِ؟**
3. **الطِّفْلُ** الحَليبَ → **أَيَشْرَبُ** الطِّفْلُ يَشْرَبُ **الحَليبَ؟**
4. **الكِتابَةَ؟ الوَلَدُ** الكِتابَةَ → **أَيُحِبُّ** يُحِبُّ الوَلَدُ
5. **كَبِيرٌ؟ البَيْتُ** كَبِيرٌ → **هَل** البَيْتُ

Ces exercices permettent d'améliorer la distinction entre phrases **nominales** et **verbales**, ainsi que l'utilisation des **formes négatives** et des **questions en arabe**Apprendre l'arabe

Leçon 10 : Les questions et les réponses en arabe

Bienvenue à la dixième leçon ! Aujourd'hui, nous allons apprendre à poser des questions en arabe et à y répondre.

1. Les mots interrogatifs

Voici les principaux mots interrogatifs en arabe :

- مَنْ (man) : Qui ?
- ما / ماذا (mā / mādhā) : Que / Quoi ?
- أَيْنَ (ayna) : Où ?
- مَتى (matā) : Quand ?
- كَيْفَ (kayfa) : Comment ?
- لِماذا (limādhā) : Pourquoi ?
- كَمْ (kam) : Combien ?

2. Structure des questions

En arabe, on peut former des questions de deux manières principales :

a) En utilisant un mot interrogatif au début de la phrase : مَنْ هُوَ هَذا الرَّجُلُ؟ (man huwa hādhā al-rajulu?) : Qui est cet homme ?

b) En ajoutant la particule interrogative هَلْ (hal) au début d'une phrase déclarative : هَلْ تَتَكَلَّمُ العَرَبِيَّةَ؟ (hal tatakallamu al-'arabiyyata?) : Parles-tu arabe ?

3. Réponses courtes

Pour répondre "oui" ou "non" :

- نَعَمْ (na'am) : Oui
- لا (lā) : Non

Vocabulaire utile

- اِسْم (ism) : nom
- عُمْر ('umr) : âge
- عَمَل ('amal) : travail
- لُغة (lugha) : langue

Exemple de dialogue

- س: ما اسْمُكَ؟ (mā ismuka?) : Quel est ton nom ?
- ج: إسْمي أَحْمَد (ismī Ahmad) : Mon nom est Ahmad.

- س: كَمْ عُمْرُكَ؟ (kam 'umruka?) : Quel âge as-tu ?
- ج: عُمْري خَمْسَةٌ وَعِشْرونَ سَنَةً (umrī khamsatun wa 'ishrūna sanatan) : J'ai 25 ans.
- س: هَلْ تَتَكَلَّمُ الإنْجليزيَّةَ؟ (hal tatakallamu al-injlīziyyata?) : Parles-tu anglais ?
- ج: نَعَمْ، أَتَكَلَّمُ الإنْجليزيَّةَ قليلاً (na'am, atakallamu al-injlīziyyata qalīlan) : Oui, je parle un peu anglais.

Exercice

Exercice 1 : Compléter les Questions

Consigne : Complétez les phrases suivantes avec le mot interrogatif approprié (كَمْ، لِماذا، كَيْفَ، مَتى، أَيْنَ، ما، مَنْ).

1. _____ اسمك؟ (Quel est ton nom ?)
2. _____ إلى تذهب المدرسة؟ (Quand vas-tu à l'école ?)
3. _____ هذا؟ (Qu'est-ce que c'est ?)
4. _____ تعيش؟ (Où habites-tu ?)
5. _____ حالك؟ (Comment vas-tu ?)

Exercice 2 : Transformer en Question

Consigne : Transformez ces phrases affirmatives en questions en utilisant هَلْ ou un mot interrogatif.

1. **مُدَرِّسٌ أنا.** (Je suis enseignant.)
2. **المنزل من قريبة المدرسة.** (L'école est proche de la maison.)
3. **جَيِّدًا العَرَبِيَّةَ يَتَكَلَّمُ.** (Il parle bien l'arabe.)
4. **الشَّرِكَةِ فِي تَعْمَلُ أَنْتَ.** (Tu travailles dans l'entreprise.)
5. **دكَّار في نَسْكُنُ نَحْنُ.** (Nous habitons à Dakar.)

Exercice 3 : Répondre aux Questions

Consigne : Répondez aux questions suivantes en arabe de manière courte.

1. **أَنْتَ؟ مَنْ** (Qui es-tu ?)
2. **تَسْكُنُ؟ أَيْنَ** (Où habites-tu ?)
3. **حالُكَ؟ كَيْفَ** (Comment vas-tu ?)

4. لِماذا تَتَعَلَّمُ العَرَبِيَّةَ؟ (Pourquoi apprends-tu l'arabe ?)

5. هَلْ تَتَكَلَّمُ الإِنْجِلِيزِيَّةَ؟ (Parles-tu anglais ?)

Corrections

Correction de l'Exercice 1

1. ما اسمك؟
2. متى تذهب إلى المدرسة؟
3. ما هذا؟
4. أين تعيش؟
5. كيف حالك؟

Correction de l'Exercice 2

1. هَلْ أَنْتَ مُدَرِّسٌ؟
2. هَلْ المدرسة قريبة من المنزل؟
3. هَلْ يَتَكَلَّمُ العَرَبِيَّةَ جَيِّدًا؟
4. أَيْنَ تَعْمَلُ؟
5. أَيْنَ تَسْكُنُونَ؟

Correction de l'Exercice 3

1. أنا طالِبٌ. (Je suis un étudiant.)
2. أنا أَسْكُنُ في دَكَّار. (J'habite à Dakar.)
3. أنا بِخَيْرٍ، شُكْرًا. (Je vais bien, merci.)
4. أَتَعَلَّمُ العَرَبِيَّةَ لِأَنَّها لُغَةٌ جَمِيلَةٌ. (J'apprends l'arabe parce que c'est une belle langue.)
5. نَعَمْ، أَتَكَلَّمُ الإِنْجِلِيزِيَّةَ. (Oui, je parle anglais.)

Ces exercices permettent d'améliorer la formation des questions et des réponses en arabe

Leçon 11 : Les chiffres et les nombres en arabe

Bienvenue à la onzième leçon ! Aujourd'hui, nous allons approfondir notre connaissance des chiffres et des nombres en arabe, en allant au-delà des dix premiers nombres que nous avons déjà vus.

1. Les chiffres arabes

Tout d'abord, il est important de noter que les chiffres utilisés dans les pays arabes sont différents de ceux que nous utilisons en Occident. Voici les chiffres arabes de 0 à 9 :

٠ ١ ٢ ٣ ٤ ٥ ٦ ٧ ٨ ٩

2. Les nombres de 11 à 19

١١ أَحَدَ عَشَرَ (aḥada 'ashara) : onze
١٢ اِثْنا عَشَرَ (ithnā 'ashara) : douze
١٣ ثَلاثَةَ عَشَرَ (thalāthata 'ashara) : treize
١٤ أَرْبَعَةَ عَشَرَ (arba'ata 'ashara) : quatorze
١٥ خَمْسَةَ عَشَرَ (khamsata 'ashara) : quinze
١٦ سِتَّةَ عَشَرَ (sittata 'ashara) : seize
١٧ سَبْعَةَ عَشَرَ (sab'ata 'ashara) : dix-sept
١٨ ثَمانِيَةَ عَشَرَ (thamāniyata 'ashara) : dix-huit
١٩ تِسْعَةَ عَشَرَ (tis'ata 'ashara) : dix-neuf

3. Les dizaines

٢٠ عِشْرونَ ('ishrūna) : vingt
٣٠ ثَلاثونَ (thalāthūna) : trente
٤٠ أَرْبَعونَ (arba'ūna) : quarante
٥٠ خَمْسونَ (khamsūna) : cinquante
٦٠ سِتّونَ (sittūna) : soixante
٧٠ سَبْعونَ (sab'ūna) : soixante-dix
٨٠ ثَمانونَ (thamānūna) : quatre-vingts
٩٠ تِسْعونَ (tis'ūna) : quatre-vingt-dix

4. Formation des nombres composés

Pour former les nombres entre les dizaines, on utilise la conjonction وَ (wa) qui signifie "et". Par exemple :

٢٥ خَمْسَةٌ وَعِشْرونَ (khamsatun wa 'ishrūna) : vingt-cinq
٣٨ ثَمانِيَةٌ وَثَلاثونَ (thamāniyatun wa thalāthūna) : trente-huit

5. Les centaines et les milliers

١٠٠ مِئَة (mi'a) : cent
٢٠٠ مِئَتان (mi'atān) : deux cents
٣٠٠ ثَلاثُمِئَة (thalāthu mi'a) : trois cents
١٠٠٠ أَلْف (alf) : mille
٢٠٠٠ أَلْفان (alfān) : deux mille

Exemple de phrase

لَدَيَّ خَمْسَةٌ وَعِشْرونَ كِتاباً فِي مَكْتَبَتِي

(ladayya khamsatun wa 'ishrūna kitāban fī maktabatī)
J'ai vingt-cinq livres dans ma bibliothèque.

Exercice

Exercice 1 : Écriture des Nombres

Consigne : Écrivez les nombres suivants en chiffres arabes.

1. Trente-sept
2. Quatre-vingt-trois
3. Cent cinquante-deux
4. Deux cent quarante-cinq

5. Mille neuf cent quatre-vingt-dix-neuf

Exercice 2 : Écriture en Lettres

Consigne : Écrivez les nombres suivants en lettres arabes.

1. ٤٦
2. ٧١
3. ١٢٥
4. ٢٥٨
5. ٣٠٠٠

Exercice 3 : Traduction de Phrase

Consigne : Traduisez la phrase suivante en arabe.

"J'ai acheté 18 pommes et 23 oranges au marché."

Corrections

Correction de l’Exercice 1

1. ٣٧
2. ٨٣
3. ١٥٢
4. ٢٤٥
5. ١٩٩٩

Correction de l’Exercice 2

1. وَأَرْبَعونَ سِتَّةٌ (sittatun wa arba'ūna)
2. وَسَبْعونَ واحِدٌ (wāḥidun wa sab'ūna)
3. وَعِشْرونَ وَخَمْسَةٌ مِئَةٌ (mi'atun wa khamsatun wa 'ishrūna)
4. وَخَمْسونَ وَثَمانِيَةٌ مِئَةٌ (mi'atun wa thamāniyatun wa khamsūna)
5. آلافٍ ثَلاثَةُ (thalāthatu ālāfin)

Correction de l’Exercice 3

بُرْتُقالَةً وَعِشْرينَ وَثَلاثاً تُفّاحَةً عَشَرَ ثَمانِيَةَ اِشْتَرَيْتُ
السّوقِ مِنَ

(*Ishtaraytu thamāniyata 'ashara tuffāḥatan wa thalāthan wa 'ishrīna burtuqālatan mina al-sūqi.*)

Ces exercices permettent d'améliorer l'écriture et la compréhension des nombres en arabeApprendre l'arabe

Leçon 12 : Les jours de la semaine et les mois de l'année en arabe

Bienvenue à la douzième leçon ! Aujourd'hui, nous allons apprendre les jours de la semaine et les mois de l'année en arabe.

1. Les jours de la semaine (أَيّامُ الأُسْبوعِ - ayyāmu al-usbū'i)

1. الأَحَد (al-aḥad) : Dimanche
2. الإِثْنَيْن (al-ithnayn) : Lundi
3. الثُّلاثاء (al-thulāthā') : Mardi
4. الأَرْبِعاء (al-arbi'ā') : Mercredi
5. الخَميس (al-khamīs) : Jeudi
6. الجُمْعَة (al-jum'a) : Vendredi
7. السَّبْت (al-sabt) : Samedi

Note : La semaine arabe commence le dimanche et se termine le samedi. Le vendredi est généralement le jour de repos dans les pays arabes.

2. Les mois de l'année (شُهورُ السَّنَةِ - shuhūru al-sanati)

Le calendrier islamique est lunaire, mais voici les mois du calendrier grégorien en arabe :

1. يَنايِر (yanāyir) : Janvier
2. فِبْرايِر (fibrāyir) : Février
3. مارِس (māris) : Mars
4. أَبْريل (abrīl) : Avril
5. مايو (māyū) : Mai
6. يونْيو (yūnyū) : Juin
7. يولْيو (yūlyū) : Juillet
8. أَغُسْطُس (aghusṭus) : Août
9. سِبْتَمْبِر (sibtambir) : Septembre
10. أُكْتوبِر (uktūbir) : Octobre
11. نوفَمْبِر (nūfambir) : Novembre
12. ديسَمْبِر (dīsambir) : Décembre

3. Expressions utiles

- اليَوْم (al-yawm) : Aujourd'hui
- غَداً (ghadan) : Demain
- أَمْس (ams) : Hier
- الأُسْبوع القادِم (al-usbū' al-qādim) : La semaine prochaine
- الشَّهْر الماضي (al-shahr al-māḍī) : Le mois dernier

ةً

القادِمَة نَة (al-sana al-qādima) : L'année prochaine

Exemple de phrase

سَأُسافِرُ إلى باريس يَوْمَ الخَميس القادِمِ فِي شَهْرِ يولْيو

(sa'usāfiru ilā bārīs yawma al-khamīs al-qādim fī shahri yūlyū) Je voyagerai à Paris jeudi prochain au mois de juillet.

Exercice

Exercice 1 : Associer les Jours de la Semaine

Consigne : Reliez chaque jour arabe à son équivalent en français.

1. الأَحَد →
2. الإِثْنَيْن →
3. الثُّلاثاء →
4. الأَرْبِعاء →
5. الخَميس →
6. الجُمْعَة →
7. السَّبْت →

Exercice 2 : Compléter les Mois

Consigne : Complétez les mois en arabe en ajoutant la fin manquante.

1. يَنايـــ
2. فِبْرايـــ
3. مارـــ
4. أبـــ
5. مايـــ
6. نوفـــ
7. ديســـ

Exercice 3 : Traduction et Utilisation

Consigne : Traduisez et complétez les phrases suivantes en arabe.

1. Nous sommes aujourd'hui **lundi**.
2. Le mois prochain sera **mars**.
3. J'ai voyagé en France en **juillet** dernier.
4. Demain, ce sera **vendredi**.
5. Samedi dernier, j'ai rencontré mes amis.

Corrections

Correction de l'Exercice 1

1. الأَحَد → Dimanche
2. الاِثْنَيْن → Lundi
3. الثُّلاثاء → Mardi
4. الأَرْبِعاء → Mercredi
5. الخَميس → Jeudi
6. الجُمْعَة → Vendredi
7. السَّبْت → Samedi

Correction de l'Exercice 2

1. يَنايـــر (yanāyir) - Janvier
2. فِبْرايـــر (fibrāyir) - Février
3. مارـــس (māris) - Mars
4. أبـــريل (abrīl) - Avril
5. مايـــو (māyū) - Mai
6. نوفـــمبِر (nūfambir) - Novembre
7. ديســـمبِر (dīsambir) - Décembre

Correction de l'Exercice 3

1. الاِثْنَيْن هُوَ اليَوْمُ. (al-yawmu huwa al-ithnayn)
2. مارِس سَيَكونُ القادِمُ الشَّهْرُ. (al-shahru al-qādimu sayakūnu māris)
3. يِ◌الماض يولْيو فِي فَرَنْسا إلى سافَرْتُ. (sāfartu ilā faransā fī yūlyū al-māḍī)
4. الجُمْعَة سَيَكونُ غَداً. (ghadan sayakūnu al-jum'a)
5. دِقائِي◌ْأَص قابَلْتُ ،الماضِي السَّبْتِ يَوْمَ. (yawma al-sabti al-māḍī, qābaltu aṣdiqā'ī)

Ces exercices permettent de mieux maîtriser les jours de la semaine et les mois de l'année en arabe

Leçon 13 : Les expressions de temps et les adverbes de fréquence

Bienvenue à la treizième leçon ! Aujourd'hui, nous allons apprendre les expressions de temps et les adverbes de fréquence en arabe.

1. Expressions de temps

- الآن (al-ān) : Maintenant
- بَعْدَ (ba'da) : Après

- قَبْلَ (qabla) : Avant
- مُنْذُ (mundhu) : Depuis
- خِلال (khilāl) : Pendant, durant
- في الصَّباح (fī al-ṣabāḥ) : Le matin
- في المَساء (fī al-masā') : Le soir
- في اللَّيْل (fī al-layl) : La nuit
- في الظُّهْر (fī al-ẓuhr) : À midi

2. Adverbes de fréquence

- دائِماً (dā'iman) : Toujours
- أَبَداً (abadan) : Jamais
- غالِباً (ghāliban) : Souvent
- أَحْياناً (aḥyānan) : Parfois
- نادِراً (nādiran) : Rarement
- عادَةً ('ādatan) : D'habitude
- كُلَّ يَوْم (kulla yawm) : Chaque jour
- مَرَّةً في الأُسْبوع (marratan fī al-usbū') : Une fois par semaine

3. Expressions de durée

- مُنْذُ ساعَة (mundhu sā'a) : Depuis une heure
- لِمُدَّةِ يَوْمَيْن (li-muddati yawmayn) : Pendant deux jours
- طَوال الأُسْبوع (ṭawāl al-usbū') : Toute la semaine
- لِعِدَّةِ أَشْهُر (li-'iddati ashhur) : Pour plusieurs mois

Exemple de phrase

أَذْهَبُ إلى الجامِعَةِ كُلَّ يَوْم في الصَّباح، وأَدْرُسُ لِمُدَّةِ ساعَتَيْن في المَساء

(adhhabu ilā al-jāmi'ati kulla yawm fī al-ṣabāḥ, wa-adrusu li-muddati sā'atayn fī al-masā')
Je vais à l'université chaque jour le matin, et j'étudie pendant deux heures le soir.

Exercice

Exercice 1 : Compléter les Expressions de Temps

Consigne : Complétez les phrases suivantes en utilisant l'expression de temps correcte (الآن, بعد, قبل, منذ, خلال).

1. ____ السّوقِ إلى ذَهَبْتُ. (Je suis allé au marché avant.)

2. سَأُسافِرُ ____ أُسْبوعٍ. (Je voyagerai après une semaine.)

3. نَةٍس ____ العَرَبِيَّةَ اللُّغَةَ أَدْرُسُ. (J'étudie l'arabe depuis un an.)

4. ____ يَوْمٍ كُلَّ الجَامِعَةِ إلى أَذْهَبُ الصَّباحِ. (Je vais à l'université chaque jour le matin.)

5. العَشاءِ ____ التِّلْفازَ أُشاهِدُ. (Je regarde la télévision après le dîner.)

Exercice 2 : Utilisation des Adverbes de Fréquence

Consigne : Complétez les phrases avec l'adverbe de fréquence correct (عادَةً, نادِراً, أَحْياناً, غالِباً, أَبَداً, دائِماً).

1. السّابِعَةِ السّاعَةِ في أَسْتَيْقِظُ ____ أنا. (Je me réveille toujours à sept heures.)

2. الخُضْرَوات يَأْكُلُ ____ هُوَ. (Il ne mange jamais de légumes.)

3. الصَّيْف في ____ الشّاطِئِ إلى نَذْهَبُ. (Nous allons souvent à la plage en été.)

4. الصَّباح في القَهْوَةَ تَشْرَبُ ____ هِيَ. (Elle boit parfois du café le matin.)

5. لِلقِراءَةِ المَكْتَبَةِ إلى أَذْهَبُ ____ أنا. (Je vais rarement à la bibliothèque pour lire.)

Exercice 3 : Traduction et Rédaction

Consigne : Traduisez les phrases suivantes en arabe.

1. "Je vais à la salle de sport chaque jour le matin."
2. "Il étudie l'arabe depuis trois mois."
3. "Nous allons au cinéma une fois par semaine."
4. "Je ne bois jamais de soda."
5. "Demain, je vais rendre visite à mes amis."

Corrections

Correction de l'Exercice 1

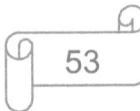

1. **قَبْلَ** ذَهَبْتُ إلى السّوقِ.
2. **بَعْدَ** أُسْبوعٍ سَأُسافِرُ.
3. **مُنْذُ** سَنَةٍ أَدْرُسُ اللُّغَةَ العَرَبِيَّةَ.
4. **في الصَّباحِ** أَذْهَبُ إلى الجَامِعَةِ كُلَّ◌ّ يَوْمٍ.
5. **بَعْدَ** العَشاءِ أُشاهِدُ التِّلْفازَ.

Correction de l'Exercice 2

1. **دائِماً** أَسْتَيْقِظُ في السّاعَةِ السّابِعَةِ.
2. **أَبَداً** يَأْكُلُ الخُضْرَواتِ.
3. **غالِباً** نَذْهَبُ إلى الشّاطِئِ في الصَّيْفِ.
4. **أَحْياناً** تَشْرَبُ القَهْوَةَ في الصَّباحِ.
5. **نادِراً** أَذْهَبُ إلى المَكْتَبَةِ لِلقِراءَةِ.

Correction de l'Exercice 3

1. **في يَوْمٍ كُلَّ الرِّياضِيَّةِ الصّالَةِ إلى أَذْهَبُ الصَّباحِ.**
2. **أَشْهُرٍ ثَلاثَةِ مُنْذُ العَرَبِيَّةَ اللُّغَةَ يَدْرُسُ.**
3. **سُبوعٍ◌الأ في مَرَّةً السِّينَما إلى نَذْهَبُ.**
4. **أَبَداً الصُّودَا أَشْرَبُ لَا.**
5. **غَداً أَصْدِقائي سَأَزُورُ.**

Ces exercices permettent d'améliorer l'utilisation des **expressions de temps** et des **adverbes de fréquence** en arabe

Leçon 14 : Les prépositions et les expressions de lieu

Bienvenue à la quatorzième leçon ! Aujourd'hui, nous allons apprendre les prépositions et les expressions de lieu en arabe.

1. Prépositions de base

- فِي (fī) : dans, à
- عَلَى ('alā) : sur
- إِلَى (ilā) : vers, à
- مِنْ (min) : de, depuis
- بِـ (bi) : avec, par
- لِـ (li) : pour, à
- مَعَ (ma'a) : avec

2. Expressions de lieu

- فَوْقَ (fawqa) : au-dessus de
- تَحْتَ (taḥta) : sous, en dessous de

- بَيْنَ (bayna) : entre
- أمامَ (amāma) : devant
- خَلْفَ (khalfa) : derrière
- بِجانِبِ (bi-jānibi) : à côté de
- داخِلَ (dākhila) : à l'intérieur de
- خارِجَ (khārija) : à l'extérieur de

3. Expressions de direction

- شَمال (shamāl) : nord
- جَنوب (janūb) : sud
- شَرْق (sharq) : est
- غَرْب (gharb) : ouest
- يَمين (yamīn) : droite
- يَسار (yasār) : gauche

Exemple de phrase

الكِتابُ عَلى الطّاوِلَةِ بَيْنَ الحاسوبِ وَالهاتِفِ
(al-kitābu 'alā al-ṭāwilati bayna al-ḥāsūbi wa-al-hātifi)
Le livre est sur la table entre l'ordinateur et le téléphone.

Exercice

Exercice 1 : Compléter avec la Préposition Appropriée

Consigne : Complétez les phrases suivantes avec la préposition correcte en arabe.

1. وَضَعْتُ القَلَمَ ____ الطاوِلَةِ. (J'ai posé le stylo sur la table.)
2. الكِتابُ ____ الحَقيبَةِ. (Le livre est dans le sac.)
3. نَحْنُ ذَهَبْنا ____ المَدْرَسَةِ. (Nous sommes allés à l'école.)
4. المَتْحَفُ يَقَعُ ____ النَّهْرِ. (Le musée se trouve à côté de la rivière.)
5. أَدْرُسُ ____ المَكْتَبَةِ. (J'étudie dans la bibliothèque.)

Exercice 2 : Traduction des Expressions de Lieu

Consigne : Traduisez en arabe les phrases suivantes.

1. La voiture est devant la maison.
2. Le chat dort sous la chaise.
3. L'école est à l'ouest de la ville.

4. L'ordinateur est entre la lampe et le téléphone.
5. L'enfant joue à l'extérieur du jardin.

Exercice 3 : Décrire un Lieu

Consigne : Décrivez en arabe la position de trois objets dans votre chambre en utilisant au moins trois prépositions et expressions de lieu.

Corrections

Correction de l'Exercice 1

1. وَضَعْتُ القَلَمَ **عَلى** الطاوِلَةِ.
2. الكِتابُ **في** الحَقيبَةِ.
3. نَحْنُ ذَهَبْنا **إلى** المَدْرَسَةِ.
4. المَتْحَفُ يَقَعُ **بِجانِبِ** النَّهْرِ.
5. أَدْرُسُ **في** المَكْتَبَةِ.

Correction de l'Exercice 2

1. **السَّيّارَةُ أمامَ المَنْزِلِ.** (al-sayyāratu amāma al-manzili)
2. ا
ل
قِطٌّ يَنامُ تَحْتَ الكُرْسِي. (al-qiṭṭu yanāmu taḥta al-kursī)
3. **المَدْرَسَةُ في غَرْبِ المَدينَةِ.** (al-madrasatu fī gharbi al-madīnati)
4. ا
لحاسُوبُ بَيْنَ المِصْباحِ وَالهاتِفِ. (al-ḥāsūbu bayna al-miṣbāḥi wa-al-hātifi)
5. **الطِفْلُ يَلْعَبُ خارِجَ الحَديقَةِ.** (al-ṭiflu yal'abu khārija al-ḥadīqati)

Correction de l'Exercice 3

Exemple de réponse : **السَّريرُ في وَسَطِ الغُرْفَةِ، وَالمَكْتَبُ بِجانِبِ النّافِذَةِ، وَالخِزانَةُ في الزّاوِيَةِ اليُمْنى.** (al-sarīru fī wasaṭi al-ghurfati, wa-al-maktabu bi-jānibi al-nāfidhati, wa-al-khizānatu fī al-zāwiyati al-yumnā) (Le lit est au milieu de la chambre, le bureau est à côté de la fenêtre, et l'armoire est dans le coin droit.)

Ces exercices permettent de mieux comprendre l'utilisation des **prépositions et expressions de lieu** en arabe

Leçon 15 : Les adjectifs et leurs accords

Bienvenue à la quinzième leçon ! Aujourd'hui, nous allons étudier les adjectifs en arabe et leurs accords avec les noms qu'ils qualifient.

1. Les adjectifs en arabe

En arabe, l'adjectif suit généralement le nom qu'il qualifie et s'accorde avec lui en genre, nombre et cas.

2. Accord en genre

- Masculin : Forme de base de l'adjectif
- Féminin : On ajoute généralement ة (tā' marbūṭa) à la fin de l'adjectif

Exemple :

- كَبير (kabīr) : grand (masculin)
- كَبيرة (kabīra) : grande (féminin)

3. Accord en nombre

- Singulier : Forme de base de l'adjectif
- Duel : On ajoute ان (āni) pour le nominatif, ين (ayni) pour l'accusatif et le génitif
- Pluriel régulier masculin : On ajoute ون (ūna) pour le nominatif, ين (īna) pour l'accusatif et le génitif
- Pluriel régulier féminin : On ajoute ات (āt)

Exemple :

- جَميل (jamīl) : beau (singulier)
- جَميلان (jamīlāni) : beaux (duel nominatif)
- جَميلون (jamīlūna) : beaux (pluriel masculin nominatif)
- جَميلات (jamīlāt) : belles (pluriel féminin)

4. Exemples de phrases

- الكِتابُ الجَديدُ (al-kitābu al-jadīdu) : Le nouveau livre
- البِنْتُ الذَّكِيَّةُ (al-bintu al-dhakiyyatu) : La fille intelligente

- الطُّلَّابُ المُجْتَهِدونَ (al-ṭullābu al-mujtahidūna) : Les étudiants studieux

Exercice

Exercice 1 : Compléter avec le Verbe Conjugué au Présent

Consigne : Complétez les phrases suivantes avec la conjugaison correcte du verbe donné entre parenthèses.

1. أنا _____ كِتابًا كُلَّ يَوْمٍ. (lire - قَرَأَ)
2. أَنْتَ _____ الباب قَبْلَ الدُخُولِ. (ouvrir - فَتَحَ)
3. هُوَ _____ إلى المَكْتَبِ في الصَّباحِ. (aller - ذَهَبَ)
4. نَحْنُ _____ اللُّغَةَ العَرَبِيَّةَ. (étudier - دَرَسَ)
5. أَنْتُنَّ _____ في الحَديقَةِ كُلَّ مَساءٍ. (jouer - لَعِبَ)

Exercice 2 : Conjuguer au Passé

Consigne : Conjuguez les verbes suivants au passé pour les pronoms indiqués.

1. كَتَبَ (écrire) - Nous
2. قَرَأَ (lire) - Elle
3. فَتَحَ (ouvrir) - Ils
4. ذَهَبَ (aller) - Je
5. لَعِبَ (jouer) - Tu (féminin)

Exercice 3 : Traduire les Phrases en Arabe

Consigne : Traduisez les phrases suivantes en arabe en conjuguant correctement les verbes.

1. "Je bois du thé chaque matin."
2. "Nous avons visité la mosquée hier."
3. "Ils regardent la télévision le soir."
4. "Elle a fermé la porte avant de partir."
5. "Tu (masculin) écoutes de la musique en voiture."

Corrections

Correction de l'Exercice 1

1. أنا أَقْرَأُ كِتابًا كُلَّ يَوْمٍ.
2. أَنْتَ تَفْتَحُ الباب قَبْلَ الدُخُولِ.

3. الصَّباحِ في المَكْتَبِ إلى يَذْهَبُ هُوَ.

4. العَرَبِيَّةَ اللُّغَةَ نَدْرُسُ نَحْنُ.

5. مَساءٍ كُلَّ الحَديقَةِ في تَلْعَبْنَ أَنْتُنَّ.

Correction de l'Exercice 2

1. كَتَبْنا (katabnā)
2. قَرَأَتْ (qara'at)
3. فَتَحُوا (fataḥū)
4. ذَهَبْتُ (dhahabtu)
5. لَعِبْتِ (la'ibti)

Correction de l'Exercice 3

1. صَباحٍ كُلَّ الشّاي أَشْرَبُ أَنا.
2. أَمْسِ المَسْجِدَ زُرْنا.
3. المَساءِ في التِّلْفازَ يُشاهِدُونَ هُمْ.
4. تَذْهَبَ أَنْ قَبْلَ البابَ أَغْلَقَتِ هِيَ.
5. السَّيّارَةِ في المُوسيقَى إلى تَسْتَمِعُ أَنْتَ.

Ces exercices permettent de renforcer la conjugaison des **verbes courants au présent et au passé** en arabe.

Leçon 16 : Les comparatifs et les superlatifs

Bienvenue à la seizième leçon ! Aujourd'hui, nous allons étudier les comparatifs et les superlatifs en arabe.

1. Le comparatif

En arabe, le comparatif se forme généralement sur le schème أَفْعَل (af'al) pour le masculin et فُعْلى (fu'lā) pour le féminin.

Exemple :

- كَبير (kabīr) : grand → أَكْبَر (akbar) : plus grand
- صَغير (ṣaghīr) : petit → أَصْغَر (aṣghar) : plus petit

Structure de la comparaison : [Objet comparé] + أَفْعَل + مِنْ + [Objet de comparaison]

Exemple : الكِتابُ أَكْبَرُ مِنَ الدَّفْتَرِ (al-kitābu akbaru mina al-daftari) : Le livre est plus grand que le cahier.

2. Le superlatif

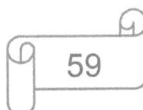

Le superlatif utilise la même forme que le comparatif, mais avec l'article défini الـ (al-).

Exemple :

- أَكْبَر (akbar) : plus grand → الأَكْبَر (al-akbar) : le plus grand
- أَصْغَر (aṣghar) : plus petit → الأَصْغَر (al-aṣghar) : le plus petit

Structure du superlatif : [Article défini + Superlatif] + [Nom défini au génitif]

Exemple : هُوَ أَطْوَلُ وَلَدٍ فِي الصَّفِّ (huwa aṭwalu waladin fī al-ṣaffi) : Il est le garçon le plus grand de la classe.

3. Comparatifs et superlatifs irréguliers

Certains adjectifs ont des formes irrégulières pour le comparatif et le superlatif :

- جَيِّد (jayyid) : bon → أَفْضَل (afḍal) : meilleur
- سَيِّئ (sayyi') : mauvais → أَسْوَأ (aswa') : pire
- كَثِير (kathīr) : beaucoup → أَكْثَر (akthar) : plus

Exercice

Exercice 1 : Conjugaison de l'Impératif

Consigne : Complétez le tableau en formant l'impératif pour chaque verbe donné.

Verbe (Infinitif)	Impératif (masc. sing.)	Impératif (fém. sing.)	Impératif (pluriel)
كَتَبَ (écrire)	?	?	?
قَرَأَ (lire)	?	?	?
ذَهَبَ (aller)	?	?	?
جَلَسَ (s'asseoir)	?	?	?
أَكَلَ (manger)	?	?	?

Exercice 2 : Compléter les Ordres

Consigne : Complétez les phrases avec la forme correcte du verbe à l'impératif.

1. _____ فَضْلِكَ مِنْ البابَ ! (ouvrir)
2. _____ بِانْتِباه الدَّرْسَ ! (écouter - féminin)
3. _____ حالًا المَكْتَبِ إلى ! (aller - pluriel)
4. _____ الطَّبَقِ فِي الخُبْزَ ! (mettre)
5. _____ النَّوْمِ قَبْلَ الطَّعامَ ! (manger - singulier)

Exercice 3 : Traduire les Instructions

Consigne : Traduisez en arabe ces instructions en utilisant l'impératif.

1. Lis ce texte ! (masculin)
2. N'écrivez pas sur le mur ! (pluriel)
3. Écoute-moi ! (féminin)
4. Ne parle pas ! (masculin)
5. Asseyez-vous, s'il vous plaît ! (pluriel)

Corrections

Correction de l'Exercice 1

Verbe (Infinitif)	Impératif (masc. sing.)	Impératif (fém. sing.)	Impératif (pluriel)
كَتَبَ (écrire)	أُكْتُبْ (uktub)	أُكْتُبِي (uktubī)	أُكْتُبوا (uktubū)
قَرَأَ (lire)	اِقْرَأْ (iqra')	اِقْرَئي (iqra'ī)	اِقْرَؤوا (iqra'ū)
ذَهَبَ (aller)	اِذْهَبْ (idhhab)	اِذْهَبي (idhhabī)	اِذْهَبوا (idhhabū)
جَلَسَ (s'asseoir)	اِجْلِسْ (ijlis)	اِجْلِسي (ijlisī)	اِجْلِسوا (ijlisū)
أَكَلَ (manger)	كُلْ (kul)	كُلي (kulī)	كُلوا (kulū)

Correction de l'Exercice 2

1. فَضْلِكَ مِنْ البابَ اِفْتَحِ !
2. بِانْتِباه الدَّرْسَ اِسْمَعِي !
3. حالًا المَكْتَبِ إلى اِذْهَبوا !
4. الطَّبَقِ فِي الخُبْزَ ضَعْ !
5. النَّوْمِ قَبْلَ الطَّعامَ كُلِ !

Correction de l'Exercice 3

1. اِقْرَأْ هَذَا النَّصَّ !

2. لا تَكْتُبوا عَلى الحائِطِ !

3. اِسْمَعِني !

4. لا تَتَكَلَّمْ !

5. اِجْلِسوا مِنْ فَضْلِكُم !

Ces exercices permettent de maîtriser l'impératif et de donner des ordres en arabe.

Leçon 17 : Les verbes au passé (الماضي)

Bienvenue à la dix-septième leçon ! Aujourd'hui, nous allons étudier la conjugaison des verbes au passé en arabe.

1. Formation du passé

En arabe, le passé se forme en ajoutant des suffixes à la racine du verbe. Prenons l'exemple du verbe كَتَبَ (kataba - écrire) :

- أنا (anā) : كَتَبْتُ (katabtu) - J'ai écrit
- أنتَ (anta) : كَتَبْتَ (katabta) - Tu as écrit (masculin)
- أنتِ (anti) : كَتَبْتِ (katabti) - Tu as écrit (féminin)
- هو (huwa) : كَتَبَ (kataba) - Il a écrit
- هي (hiya) : كَتَبَتْ (katabat) - Elle a écrit
- نحن (naḥnu) : كَتَبْنا (katabnā) - Nous avons écrit
- أنتم (antum) : كَتَبْتُم (katabtum) - Vous avez écrit (pluriel masculin)
- أنتنّ (antunna) : كَتَبْتُنَّ (katabtunna) - Vous avez écrit (pluriel féminin)
- هم (hum) : كَتَبوا (katabū) - Ils ont écrit
- هنّ (hunna) : كَتَبْنَ (katabna) - Elles ont écrit

2. Verbes irréguliers

Certains verbes ont une conjugaison irrégulière au passé. Par exemple :

- كان (kāna - être) : كُنْتُ (kuntu) - J'étais

- قال (qāla - dire) : قُلْتُ (qultu) - J'ai dit

3. Négation du passé

Pour nier un verbe au passé, on utilise la particule ما (mā) devant le verbe :

- كَتَبْتُ ما (mā katabtu) - Je n'ai pas écrit

Exemple de phrase

واجِبي كَتَبْتُ وَ أَمْسِ المَدْرَسَةِ إلى ذَهَبْتُ (dhahabtu ilā al-madrasati amsi wa katabtu wājibī)
Je suis allé à l'école hier et j'ai écrit mon devoir.

Exercice

Exercice 1 : Compléter avec le Pronom Démonstratif Approprié

Consigne : Complétez les phrases suivantes avec le pronom démonstratif correct en arabe.

1. ____ **جَدِيدٌ كِتابٌ.** (Ceci est un nouveau livre.)
2. ____ **جَمِيلٌ بَيْتٌ.** (Cela est une belle maison.)
3. ____ **لَطِيفَةٌ مُعَلِّمَةٌ.** (Cette enseignante est gentille.)
4. ____ **هاتِفُكَ؟** (Est-ce ton téléphone ?)
5. ____ **الفَصْلِ فِي كَبِيرَةٌ طاوِلَةٌ.** (Voici une grande table dans la classe.)

Exercice 2 : Associer les Pronoms Démonstratifs

Consigne : Reliez chaque pronom démonstratif arabe à son équivalent en français.

1. هَذَا →
2. هَذِهِ →
3. ذَلِكَ →
4. تِلْكَ →
5. هَؤُلَاءِ →
6. أُولَئِكَ →

Exercice 3 : Traduction et Utilisation

Consigne : Traduisez en arabe les phrases suivantes en utilisant les pronoms démonstratifs corrects.

1. Ceci est mon cahier.

2. Cet homme est mon ami.
3. Ces filles sont mes sœurs.
4. Cela est une école ancienne.
5. Ceux-là sont mes enseignants.

Corrections

Correction de l'Exercice 1

1. جَدِيدٌ كِتابٌ **هَذَا**.
2. جَمِيلٌ بَيْتٌ **ذَلِكَ**.
3. لَطِيفَةٌ مُعَلِّمَةٌ **هَذِهِ**.
4. **هَلْ هَذَا** ؟هاتِفُكَ
5. الفَصْلِ فِي كَبِيرَةٌ طاوِلَةٌ **هَذِهِ**.

Correction de l'Exercice 2

1. هَذَا → **Ceci, ce (masculin singulier)**
2. هَذِهِ → **Ceci, cette (féminin singulier)**
3. ذَلِكَ → **Cela, ce (masculin éloigné)**
4. تِلْكَ → **Cela, cette (féminin éloigné)**
5. هَؤُلَاءِ → **Ces (proche, masculin et féminin pluriel)**
6. أُولَئِكَ → **Ceux-là, celles-là (éloigné, masculin et féminin pluriel)**

Correction de l'Exercice 3

1. **هَذَا** دَفْتَرِي.
2. **هَذَا** الرَّجُلُ صَدِيقِي.
3. **هَؤُلَاءِ** البَنَاتُ أَخَوَاتِي.
4. **تِلْكَ** مَدْرَسَةٌ قَدِيمَةٌ.
5. **أُولَئِكَ** مُعَلِّمِيَّ.

Ces exercices permettent de mieux comprendre l'utilisation des **pronoms démonstratifs** en arabe

Leçon 18 : Les verbes au présent (المُضارِع)

Bienvenue à la dix-huitième leçon ! Aujourd'hui, nous allons étudier la conjugaison des verbes au présent en arabe.

1. Formation du présent

En arabe, le présent se forme en ajoutant des préfixes et des suffixes à la racine du verbe. Prenons l'exemple du verbe كَتَبَ (kataba - écrire) :

- أنا (anā) : أَكْتُبُ (aktubu) - J'écris
- أنتَ (anta) : تَكْتُبُ (taktubu) - Tu écris (masculin)
- أنتِ (anti) : تَكْتُبِينَ (taktubīna) - Tu écris (féminin)
- هو (huwa) : يَكْتُبُ (yaktubu) - Il écrit
- هي (hiya) : تَكْتُبُ (taktubu) - Elle écrit
- نحن (naḥnu) : نَكْتُبُ (naktubu) - Nous écrivons
- أنتم (antum) : تَكْتُبونَ (taktubūna) - Vous écrivez (pluriel masculin)
- أنتنّ (antunna) : تَكْتُبْنَ (taktubna) - Vous écrivez (pluriel féminin)
- هم (hum) : يَكْتُبونَ (yaktubūna) - Ils écrivent
- هنّ (hunna) : يَكْتُبْنَ (yaktubna) - Elles écrivent

2. Verbes irréguliers

Certains verbes ont une conjugaison irrégulière au présent. Par exemple :

- كان (kāna - être) : أَكونُ (akūnu) - Je suis
- قال (qāla - dire) : أَقولُ (aqūlu) - Je dis

3. Négation du présent

Pour nier un verbe au présent, on utilise la particule لا (lā) devant le verbe :

- لا أَكْتُبُ (lā aktubu) - Je n'écris pas

Exemple de phrase

أَذْهَبُ إلى العَمَلِ كُلَّ يَوْمٍ وَ أَعْمَلُ لِمُدَّةِ ثَمانِي ساعاتٍ (adhhabu ilā al-'amali kulla yawmin wa a'malu li-muddati thamānī sā'ātin) Je vais au travail chaque jour et je travaille pendant huit heures.

Exercice

Exercice 1 : Identifier le Type de Phrase

Consigne : Indiquez si les phrases suivantes sont **affirmatives** ou **négatives**.

1. الكِتابَ يَقْرَأُ الطَّالِبُ.
2. جَديداً لَيْسَ الكِتابُ.
3. المَدْرَسَةِ إلى الوَلَدُ ذَهَبَ ما.
4. الفَصْلِ في المُدَرِّسُ.
5. اليَوْمَ جَميلٌ الطَّقْسُ.

Exercice 2 : Transformer les Phrases Affirmatives en Négatives

Consigne : Transformez ces phrases affirmatives en phrases négatives en utilisant **لَيْسَ** pour les phrases nominales et **ما** pour les phrases verbales.

1. المَنْزِلِ مِنَ قَرِيبَةٌ المَدْرَسَةُ.
2. يَوْمٍ كُلَّ الكِتابَ الطِّفْلُ يَقْرَأُ.
3. ذَكِيَّةٌ المُعَلِّمَةُ.
4. بَاحِ◌َص كُلَّ الحَديقَةِ إلى تَذْهَبُ الطِّفْلَةُ.
5. ساخِنَةٌ القَهْوَةُ.

Exercice 3 : Traduction et Transformation

Consigne : Traduisez les phrases suivantes en arabe et transformez-les en phrases négatives.

1. Il parle anglais.
2. Le restaurant est ouvert.
3. Nous regardons la télévision chaque soir.
4. L'enfant joue avec son ami.
5. Ils ont étudié la leçon.

Corrections

Correction de l'Exercice 1

1. Affirmative
2. Négative
3. Négative
4. Affirmative
5. Affirmative

Correction de l'Exercice 2

1. **المَنْزِلِ مِنَ قَرِيبَةً لَيْسَتْ المَدْرَسَةُ.**
2. **يَوْمٍ كُلَّ الكِتابَ الطِّفْلُ يَقْرَأُ ما.**
3. **ذَكِيَّةً لَيْسَتْ المُعَلِّمَةُ.**
4. **صَبَاحِ لَّ◌ُك الحَديقَةِ إلى الطِّفْلَةُ تَذْهَبُ ما.**

5. سـاخِنَةٌ لَيْسَتْ القَهْوَةُ.

Correction de l'Exercice 3

1. **يَتَكَلَّمُ لا → يَتَكَلَّمُ الإنْجِليزِيَّةَ. الإنْجِليزِيَّةَ.**
2. **مَفْتُوحًا لَيْسَ المَطْعَمُ. → مَفْتُوحٌ المَطْعَمُ.**
3. **نُشَاهِدُ ما → مَسَاءٍ. نُشَاهِدُ التِّلْفَازَ كُلَّ مَسَاءٍ كُلَّ التِّلْفَازَ.**
4. **يَلْعَبُ لا → صَدِيقِهِ. يَلْعَبُ الطِّفْلُ مَعَ صَدِيقِهِ مَعَ الطِّفْلُ.**
5. **الدَّرْسَ دَرَسُوا ما → الدَّرْسَ. دَرَسُوا**

Ces exercices permettent de mieux comprendre **l'affirmation et la négation en arabe**

Leçon 19 : Le futur (المُسْتَقْبَل)

Bienvenue à la dix-neuvième leçon ! Aujourd'hui, nous allons étudier la formation et l'utilisation du futur en arabe.

1. Formation du futur

En arabe, le futur se forme en ajoutant le préfixe سـ (sa-) ou la particule سَوْفَ (sawfa) devant le verbe au présent.

- سـ (sa-) : pour un futur proche
- سَوْفَ (sawfa) : pour un futur plus lointain ou incertain

Exemple avec le verbe كَتَبَ (kataba - écrire) :

- سَأَكْتُبُ (sa-aktubu) ou سَوْفَ أَكْتُبُ (sawfa aktubu) - J'écrirai
- سَتَكْتُبُ (sa-taktubu) ou سَوْفَ تَكْتُبُ (sawfa taktubu) - Tu écriras (masculin)
- سَيَكْتُبُ (sa-yaktubu) ou سَوْفَ يَكْتُبُ (sawfa yaktubu) - Il écrira

2. Négation du futur

Pour nier un verbe au futur, on utilise لَنْ (lan) devant le verbe au présent (sans le préfixe سـ ou سَوْفَ) :

- لَنْ أَكْتُبَ (lan aktuba) - Je n'écrirai pas

3. Expressions de temps liées au futur

- غَداً (ghadan) : demain
- بَعْدَ غَدٍ (ba'da ghadin) : après-demain

- القادِمِ الأُسْبوع (al-usbū' al-qādim) : la semaine prochaine
- القادِمِ الشَّهْر (al-shahr al-qādim) : le mois prochain
- ا
  ل
  َ

Exemple de phrase

القادِمَة نَةّ (al-sana al-qādima) : l'année prochaine

سَأسافِرُ إلى فَرَنْسا في الصَّيْفِ القادِمِ وَسَوْفَ أَتَعَلَّمُ اللُّغَةَ الفَرَنْسِيَّةَ

(sa-usāfiru ilā Faransā fī al-ṣayfi al-qādimi wa sawfa ata'allamu al-lughata al-faransiyyata)
Je voyagerai en France l'été prochain et j'apprendrai le français.

Exercice

Exercice 1 : Identifier le Temps du Verbe

Consigne : Indiquez si les phrases suivantes sont **au futur** ou **au présent**.

1. غَداً السُّوقِ إلى سَأَذْهَبُ.
2. يَوْمٍ كُلَّ دَرْسَهُ الوَلَدُ يَكْتُبُ.
3. القادِمَ الصَّيْفَ مِصْرَ إلى نُسافِرُ سَوْفَ.
4. الآنَ الحَديقَةِ فِي تَلْعَبُ الطِّفْلَةُ.
5. قَريبًا العَرَبِيَّةَ اللُّغَةَ سَتَتَعَلَّمُ.

Exercice 2 : Transformer les Phrases du Présent au Futur

Consigne : Transformez ces phrases du présent en futur en utilisant **سَـ** ou **سَوْفَ**.

1. العَرَبِيَّةَ أَدْرُسُ.
2. يَوْمٍ كُلَّ المَدْرَسَةِ إلى نَذْهَبُ.
3. رِسالَةً الطِّفْلَةُ تَكْتُبُ.
4. مُمْتِعاً فِيلْماً يُشاهِدُونَ.
5. الكِتابَ تَقْرَأُ أَنْتَ.

Exercice 3 : Traduction et Négation du Futur

Consigne : Traduisez en arabe et transformez ensuite en phrase négative avec **لَنْ**.

1. Il partira demain.
2. Nous visiterons la bibliothèque.
3. Tu (masc.) mangeras avec moi.
4. Ils apprendront l'anglais.

5. Elle écrira une lettre à sa mère.

Corrections

Correction de l'Exercice 1

1. **Futur** (سَأَذْهَبُ)
2. **Présent** (يَكْتُبُ)
3. **Futur** (نُسافِرُ سَوْفَ)
4. **Présent** (تَلْعَبُ)
5. **Futur** (سَتَتَعَلَّمُ)

Correction de l'Exercice 2

1. العَرَبِيَّةَ سَأَدْرُسُ.
2. يَوْمٍ كُلَّ المَدْرَسَةِ إلى سَنَذْهَبُ.
3. رِسالَةً الطِّفْلَةُ سَتَكْتُبُ.
4. مُمْتِعاً فِيلْماً يُشاهِدُونَ سَوْفَ.
5. الكِتابَ سَتَقْرَأُ.

Correction de l'Exercice 3

1. **Il partira demain. →** سَيُسافِرُ غَداً.
   Négation → غَداً يُسافِرَ لَنْ.
2. **Nous visiterons la bibliothèque. →** المَكْتَبَةَ سَنَزُورُ.
   Négation → المَكْتَبَةَ نَزُورَ لَنْ.
3. **Tu mangeras avec moi. →** مَعِي. سَتَأْكُلُ
   Négation → مَعِي تَأْكُلَ لَنْ.
4. **Ils apprendront l'anglais. →** الإنْجِلِيزِيَّةَ. سَيَتَعَلَّمُونَ
   Négation → يَتَعَلَّمُوا لَنْ الإنْجِلِيزِيَّةَ.
5. **Elle écrira une lettre à sa mère. →** أُمِّها. إلى رِسالَةً سَتَكْتُبُ
   Négation → إلى رِسالَةً تَكْتُبَ لَنْ أُمِّها.

Ces exercices permettent d'améliorer la maîtrise du **futur en arabe** ainsi que sa négation

Leçon 20 : L'impératif (الأمْر)

Bienvenue à la vingtième leçon ! Aujourd'hui, nous allons étudier l'impératif en arabe, utilisé pour donner des ordres ou des instructions.

1. Formation de l'impératif

L'impératif en arabe se forme à partir de la deuxième personne du singulier au présent, en supprimant le préfixe تَـ (ta-) et en ajustant la voyelle finale. Il existe trois formes :

- Masculin singulier

- Féminin singulier

- Pluriel (masculin et féminin)

Exemple avec le verbe كَتَبَ (kataba - écrire) :

- أُكْتُبْ (uktub) - Écris ! (masculin singulier)

- أُكْتُبِي (uktubī) - Écris ! (féminin singulier)

- أُكْتُبُوا (uktubū) - Écrivez ! (pluriel)

2. Impératif négatif

Pour former l'impératif négatif, on utilise لا (lā) suivi du verbe au présent à la deuxième personne :

- لا تَكْتُبْ (lā taktub) - N'écris pas ! (masculin singulier)

- لا تَكْتُبِي (lā taktubī) - N'écris pas ! (féminin singulier)

- لا تَكْتُبُوا (lā taktubū) - N'écrivez pas ! (pluriel)

3. Verbes irréguliers à l'impératif

Certains verbes ont une forme irrégulière à l'impératif. Par exemple :

- قال (qāla - dire) : قُلْ (qul) - Dis !

- أَكَلَ (akala - manger) : كُلْ (kul) - Mange !

Exemple de phrases

- إِفْتَح البابَ مِنْ فَضْلِكَ (iftaḥi al-bāba min faḍlik) - Ouvre la porte, s'il te plaît.

- لا تَنْسَوْا واجِباتِكُم (lā tansaw wājibātikum) - N'oubliez pas vos devoirs.

Exercice

Exercice 1 : Compléter avec le Futur

Consigne : Complétez les phrases suivantes avec la forme correcte du verbe au futur.

1. أنا _____ إلى المَدْرَسَةِ غَداً. (aller - ذَهَبَ)

2. هُوَ _____ اللُّغَةَ العَرَبِيَّةَ في السَّنَةِ القادِمَةِ. (apprendre - عَلَّمَ)

3. القادِمَةِ العُطْلَةِ فِي أُسْرَتِنا _____ نَحْنُ.
(visiter - زارَ)

4. صَدِيقَتِها إلى رِسالَةً _____ هِيَ.
(écrire - كَتَبَ)

5. مَساءً السِّينِما في فِيلْماً _____ أَنْتَ.
(regarder - شاهَدَ)

Exercice 2 : Transformer en Futur Négatif

Consigne : Transformez ces phrases affirmatives au futur en phrases négatives en utilisant لَنْ.

1. المَدْرَسَةِ إلى سَأَذْهَبُ.
2. العَرَبِيَّةَ اللُّغَةَ سَيَتَعَلَّمُ.
3. العُطْلَةِ فِي أُسْرَتَنا سَنَزُورُ.
4. صَدِيقَتِها إلى رِسالَةً سَتَكْتُبُ.
5. السِّينِما فِي فِيلْماً سَتُشاهِدُ.

Exercice 3 : Rédaction en Futur

Consigne : Rédigez 3 à 4 phrases en arabe sur vos projets pour les vacances prochaines en utilisant le futur.

Corrections

Correction de l'Exercice 1

1. غَداً المَدْرَسَةِ إلى سَأَذْهَبُ أنا.
2. السَّنَةِ في ةَالعَرَبِيَ اللُّغَةَ سَيَتَعَلَّمُ هُوَ القادِمَةِ.
3. القادِمَةِ ةِالعُطْل فِي أُسْرَتَنا سَنَزُورُ نَحْنُ.
4. صَدِيقَتِها إلى رِسالَةً سَتَكْتُبُ هِيَ.
5. مَساءً السِّينِما في فِيلْماً سَتُشاهِدُ أَنْتَ.

Correction de l'Exercice 2

1. المَدْرَسَةِ إلى أَذْهَبَ لَنْ.
2. َالعَرَبِيَّةَ اللُّغَةَ يَتَعَلَّمَ لَنْ.
3. العُطْلَةِ فِي أُسْرَتَنا نَزُورَ لَنْ.
4. صَدِيقَتِها إلى رِسالَةً تَكْتُبَ لَنْ.
5. السِّينِما فِي فِيلْماً تُشاهِدَ لَنْ.

Correction de l'Exercice 3 (Exemple de rédaction)

سَأَزُورُ .إسْبانِيا إلى سَأُسافِرُ ،القادِمَةِ العُطْلَةِ في وَالشَّمْسِ بِالبَحْرِ أَتَمَتَّعُ وَسَوْفَ بَرْشَلونَةَ. بَعْضَ وَسَأَتَعَلَّمُ الإسْبانِيَّ الطَّعامَ سَأُجَرِّبُ ،أَيْضاً الكَلِماتِ بِاللُّغَةِ الإِسْبانِيَّةِ.

(Lors des prochaines vacances, je voyagerai en Espagne. Je visiterai Barcelone et profiterai de la mer et du soleil. Aussi, je goûterai la cuisine espagnole et j'apprendrai quelques mots en espagnol.)

Leçon 21 : Les phrases conditionnelles

Bienvenue à la vingt-et-unième leçon ! Aujourd'hui, nous allons étudier les phrases conditionnelles en arabe, qui expriment une condition et sa conséquence.

1. Structure de base

En arabe, les phrases conditionnelles se composent généralement de deux parties :

- La condition (الشَّرْط - al-sharṭ)
- La réponse ou la conséquence (جَواب الشَّرْط - jawāb al-sharṭ)

2. Types de phrases conditionnelles

Il existe deux types principaux de phrases conditionnelles en arabe :

a) Conditionnelles réelles (محتملة الوقوع - muḥtamalat al-wuqū')
b
) Conditionnelles irréelles (غير محتملة الوقوع - ghayr muḥtamalat al-wuqū')

3. Particules conditionnelles

Les particules les plus courantes pour introduire une condition sont :

- إذا (idhā) - si (pour les conditions réelles)
- إنْ (in) - si (pour les conditions possibles)
- لَوْ (law) - si (pour les conditions irréelles ou impossibles)

4. Exemples

a) Condition réelle : إذا دَرَسْتَ بِجِدٍّ، سَتَنْجَحُ في الإمْتِحانِ
(idhā darasta bi-jiddin, sa-tanjaḥu fī al-imtiḥāni)
Si tu étudies sérieusement, tu réussiras l'examen.

b) Condition possible : إنْ تَذْهَبْ إلى السّوقِ، اِشْتَرِ بَعْضَ الفَواكِهِ
(in tadhhab ilā al-sūqi, ishtari ba'ḍa al-fawākihi)
Si tu vas au marché, achète quelques fruits.

c) Condition irréelle : لَوْ كانَ عِنْدي مالٌ، لَسافَرْتُ حَوْلَ العالَمِ
(law kāna 'indī mālun, la-sāfartu ḥawla al-'ālami)

Si j'avais de l'argent, je voyagerais autour du monde.

Exercice

Exercice 1 : Identifier les Professions

Consigne : Associez chaque profession arabe à son équivalent en français.

1. مُدَرِّس →
2. طَبِيب →
3. مُهَنْدِس →
4. شُرْطِيّ →
5. طَيَّار →

Exercice 2 : Compléter avec la Bonne Profession

Consigne : Complétez les phrases suivantes avec le mot correspondant à la profession en arabe.

1. .المُسْتَشْفَى فِي ____ كَـ يَعْمَلُ أَخِي (mon frère travaille comme médecin à l’hôpital)
2. لِأَنَّهُ البُيُوتَ يَبْنِي أَبِي ____. (mon père construit des maisons parce qu'il est ingénieur)
3. لِأَنَّهَا المَدْرَسَةِ فِي الطُّلَّابَ تُدَرِّسُ أُمِّي ____. (ma mère enseigne aux élèves à l’école parce qu’elle est enseignante)
4. .____ ◌َهُو ،كَبِيرَةً طَائِرَةً جَدِّي يَقُودُ (mon grand-père pilote un grand avion, il est pilote)
5. ،المُدُنِ يِ◌ف الأَمْنِ عَلَى الشُّرْطِيُّ يُحَافِظُ إِنَّهُ ____. (le policier maintient la sécurité dans les villes, il est policier)

Exercice 3 : Traduction des Professions

Consigne : Traduisez en arabe les phrases suivantes.

1. Mon oncle est médecin.
2. Ma sœur est avocate.
3. Nous travaillons comme ingénieurs.
4. Ils sont agriculteurs.
5. Elle est journaliste.

Corrections

Correction de l’Exercice 1

1. مُدَرِّس → Enseignant

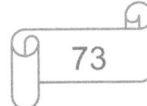

2. طَبِيب → Médecin

3. مُهَنْدِس → Ingénieur

4. شُرْطِيّ → Policier

5. طَيَّار → Pilote

Correction de l'Exercice 2

1. .شْفَىَ◌المُسْت فِي طَبِيبٍ كَـ يَعْمَلُ أَخِي

2. .دِسّ◌ْمُهَن لِأَنَّهُ البُيُوتَ يَبْنِي أَبِي

3. لِأَنَّهَا المَدْرَسَةِ فِي الطُّلَّابَ تُدَرِّسُ أُمِّي .مُدَرِّسَةٌ

4. .طَيَّارٌ ◌َهُو ،كَبِيرَةً طَائِرَةً جَدِّي يَقُودُ

5. ،المُدُنِ يِ◌ف الأَمْنِ عَلَى الشُّرْطِيُّ يُحَافِظُ .شُرْطِيٌّ إِنَّهُ

Correction de l'Exercice 3

1. .طَبِيبٌ عَمِّي

2. .مُحَامِيَةٌ أُخْتِي

3. .كَمُهَنْدِسِينَ نَعْمَلُ نَحْنُ

4. .مُزَارِعُونَ هُمْ

5. .صَحَفِيَّةٌ هِيَ

Ces exercices permettent d'acquérir du vocabulaire sur **les métiers et les professions en arabe** et de les utiliser dans des phrases.

Leçon 22 : Les pronoms relatifs

Bienvenue à la vingt-deuxième leçon ! Aujourd'hui, nous allons étudier les pronoms relatifs en arabe, qui sont utilisés pour relier une proposition relative à un nom ou un pronom.

1. Les pronoms relatifs en arabe

Les principaux pronoms relatifs en arabe sont :

- الَّذي (alladhī) : qui, que, lequel (masculin singulier)
- الَّتي (allatī) : qui, que, laquelle (féminin singulier)
- الَّذينَ (alladhīna) : qui, que, lesquels (masculin pluriel)
- اللَّاتي / اللَّواتي (allawātī / allātī) : qui, que, lesquelles (féminin pluriel)
- ما (mā) : ce qui, ce que (pour les choses)
- مَنْ (man) : qui, celui qui (pour les personnes)

2. Utilisation des pronoms relatifs

En arabe, le pronom relatif s'accorde en genre et en nombre avec l'antécédent (le nom qu'il qualifie).

Exemples :

- أَمْسِ رَأَيْتُهُ الَّذي الرَّجُلُ (al-rajulu alladhī ra'aytuhu amsi) : L'homme que j'ai vu hier
- مَعي تَدْرُسُ الَّتي البِنْتُ (al-bintu allatī tadrusu ma'ī) : La fille qui étudie avec moi

3. Propositions relatives sans antécédent

Quand il n'y a pas d'antécédent spécifique, on utilise généralement مَنْ (man) pour les personnes et ما (mā) pour les choses.

Exemples :

- يَنْجَحْ يَجْتَهِدْ مَنْ (man yajtahid yanjaḥ) : Celui qui travaille dur réussit
- تَفْعَلُهُ ما أُحِبُّ (uḥibbu mā taf'aluhu) : J'aime ce que tu fais

Exemple de phrase complexe

جِدّاً مْتِعاً◌م كانَ الماضي الأُسْبوعَ قَرَأْتُهُ الَّذي الكِتابُ (al-kitābu alladhī qara'tuhu al-usbū'a al-māḍī kāna mumti'an jiddan) Le livre que j'ai lu la semaine dernière était très intéressant.

Exercice

Exercice 1 : Compléter avec le Pronom Relatif Approprié

Consigne : Complétez les phrases suivantes avec le pronom relatif correct.

1. **المَكْتَبِ فِي يَعْمَلُ ____ الرَّجُلُ مُهَنْدِسٌ.** (L'homme qui travaille au bureau est ingénieur.)
2. **ذَكِيَّةٌ. مَعِي تَدْرُسُ ____ البِنْتُ** (La fille qui étudie avec moi est intelligente.)
3. **صَغِيرَةٌ. النَّافِذَةِ مِنَ قَفَزَتْ ____ القِطَّةُ** (Le chat qui a sauté de la fenêtre est petit.)
4. **مُفِيدَةٌ. قَرَأْتُهَا ____ الكُتُبُ** (Les livres que j'ai lus sont utiles.)
5. **يَنْجَحْ. يَجْتَهِدْ ____ مَنْ** (Celui qui travaille dur réussit.)

Exercice 2 : Associer les Pronoms Relatifs

Consigne : Reliez chaque pronom relatif arabe à son équivalent en français.

1. الَّذي →
2. الَّتي →
3. الَّذينَ →
4. اللَّاتي / اللَّواتي →
5. ما →
6. مَنْ →

Exercice 3 : Traduction et Utilisation

Consigne : Traduisez en arabe les phrases suivantes en utilisant les pronoms relatifs corrects.

1. L'homme que j'ai rencontré hier était gentil.
2. La femme qui parle à mon père est médecin.
3. Les étudiants qui apprennent l'arabe sont nombreux.
4. Ce que tu dis est vrai.
5. Celui qui aide les autres est une bonne personne.

Corrections

Correction de l'Exercice 1

1. **مُهَنْدِسٌ ◌ِالمَكْتَب فِي يَعْمَلُ الَّذي الرَّجُلُ.**
2. **ذَكِيَّة◌ٌ مَعِي تَدْرُسُ الَّتي البِنْتُ.**
3. **صَغِيرَةٌ النَّافِذَةِ مِنَ قَفَزَتْ الَّتي القِطَّةُ.**
4. **مُفِيدَةٌ قَرَأْتُهَا الَّتي الكُتُبُ.**
5. **يَنْجَحُ يَجْتَهِدُ مَنْ.**

Correction de l'Exercice 2

1. الَّذي → **Qui, que, lequel (masculin singulier)**
2. الَّتي → **Qui, que, laquelle (féminin singulier)**
3. الَّذينَ → **Qui, que, lesquels (masculin pluriel)**
4. اللَّاتي / اللَّواتي → **Qui, que, lesquelles (féminin pluriel)**
5. ما → **Ce qui, ce que (pour les choses)**
6. مَنْ → **Qui, celui qui (pour les personnes)**

Correction de l'Exercice 3

1. لَطِيفًا ◌َكان أَمْسِ قَابَلْتُهُ الَّذي الرَّجُلُ.
2. طَيِّبَةٌ أَبِي مَعَ تَتَحَدَّثُ الَّتي المَرْأَةُ.
3. كَثِيرُونَ رَبِيَّةَ◌ِالع يَتَعَلَّمُونَ الَّذينَ الطُّلَّابُ.
4. صَحِيحٌ تَقُولُهُ ما.
5. يِّدَ◌ٌج شَخْصٌ هُوَ الآخَرِينَ يُسَاعِدُ مَنْ.

Ces exercices permettent de mieux comprendre l'utilisation des **pronoms relatifs en arabe**

Leçon 23 : Les adverbes

Bienvenue à la vingt-troisième leçon ! Aujourd'hui, nous allons étudier les adverbes en arabe, qui sont utilisés pour modifier ou qualifier des verbes, des adjectifs ou d'autres adverbes.

1. Types d'adverbes en arabe

En arabe, les adverbes peuvent être classés en plusieurs catégories :

a) Adverbes de manière
b) Adverbes de temps
c) Adverbes de lieu
d) Adverbes de quantité
e) Adverbes d'affirmation et de négation

2. Formation des adverbes

Contrairement à certaines langues, l'arabe n'a pas de suffixe spécifique pour former des adverbes. Souvent, les adverbes sont formés à partir :

- De noms à l'accusatif
- De prépositions suivies de noms
- D'expressions figées

3. Exemples d'adverbes courants

a) Adverbes de manière :

- بِسُرْعَةٍ (bi-sur'atin) : rapidement
- جَيِّداً (jayyidan) : bien

b) Adverbes de temps :

- الآنَ (al-āna) : maintenant
- غَداً (ghadan) : demain

c) Adverbes de lieu :

- هُنا (hunā) : ici
- هُناكَ (hunāka) : là-bas

d) Adverbes de quantité :

- كَثيراً (kathīran) : beaucoup
- قَليلاً (qalīlan) : peu

e) Adverbes d'affirmation et de négation :

- نَعَم (na'am) : oui
- أَبَداً (abadan) : jamais

4. Position des adverbes

En général, les adverbes se placent après le verbe qu'ils modifient :

يَعْمَلُ بِجِدٍّ (ya'malu bi-jiddin) : Il travaille sérieusement

Exemple de phrase

يَدْرُسُ الطّالِبُ بِاجْتِهادٍ كُلَّ يَوْمٍ في المَكْتَبَةِ (yadrusu al-ṭālibu bi-ijtihādin kulla yawmin fī al-maktabati) L'étudiant étudie assidûment chaque jour à la bibliothèque.

Exercice

Exercice 1 : Identifier l'Adverbe et sa Catégorie

Consigne : Identifiez l'adverbe dans chaque phrase et précisez son type (manière, temps, lieu, quantité, affirmation/négation).

1. يَتَكَلَّمُ بِطَلاقَةٍ.
2. سَأُسافِرُ غَداً إلى باريس.
3. يَسْكُنُ قَريباً مِنْ هُنا.
4. نَحْنُ نَتَدَرَّبُ كَثيراً.
5. لَنْ أُسافِرَ أَبَداً.

Exercice 2 : Traduire en Arabe avec un Adverbe

Consigne : Traduisez ces phrases en arabe en utilisant un adverbe approprié.

1. Il mange lentement.
2. Elle lit beaucoup de livres.
3. Nous nous rencontrons souvent ici.
4. Je pars maintenant.
5. Il travaille sérieusement.

Exercice 3 : Construire des Phrases

Consigne : Rédigez deux phrases en arabe en utilisant au moins deux adverbes différents dans chaque phrase.

Corrections

Correction de l'Exercice 1

1. بِطَلَاقَةٍ → Adverbe de manière (fluemment)
2. غَداً → Adverbe de temps (demain)
3. قَرِيباً → Adverbe de lieu (près)
4. كَثِيراً → Adverbe de quantité (beaucoup)
5. أَبَداً → Adverbe de négation (jamais)

Correction de l'Exercice 2

1. بِبُطْءٍ يَأْكُلُ هُوَ.
2. كَثِيراً الكُتُبَ تَقْرَأُ هِيَ.
3. غَالِباً هُنَا نَلْتَقِي نَحْنُ.
4. الآنَ أُغَادِرُ أَنَا.
5. بِجِدٍّ يَعْمَلُ هُوَ.

Correction de l'Exercice 3 *(Exemple de phrases)*

1. فِي يَوْمٍ كُلَّ بِاجْتِهادٍ الطَّالِبُ يَدْرُسُ المَكْتَبَةِ.
   (L'étudiant étudie assidûment chaque jour à la bibliothèque.)
2. هُناكَ أَجْلِسُ ثُمَّ الحَدِيقَةِ فِي بُطْءٍ أَمْشِي أَنا طَوِيلَةٍ. لِفَتْرَةٍ
   (Je marche lentement dans le jardin puis je m'assois là-bas pour longtemps.)

Ces exercices permettent d'améliorer l'utilisation des **adverbes en arabe** dans différents contextes

Leçon 24 : Les conjonctions de coordination et de subordination

Bienvenue à la vingt-quatrième leçon ! Aujourd'hui, nous allons étudier les conjonctions en arabe, qui sont utilisées pour relier des mots, des phrases ou des propositions.

1. Conjonctions de coordination

Les conjonctions de coordination relient des éléments de même nature grammaticale. Voici quelques exemples courants :

- وَ (wa) : et
- أَوْ (aw) : ou
- ثُمَّ (thumma) : puis, ensuite
- لَكِنْ (lākin) : mais
- فَـ (fa) : donc, alors

Exemple :
الماءَ شَرِبْتُ وَ التُّفَّاحَةَ أَكَلْتُ
(akaltu al-tuffāḥata wa sharibtu al-mā'a)
J'ai mangé la pomme et j'ai bu l'eau.

2. Conjonctions de subordination

Les conjonctions de subordination introduisent une proposition subordonnée. Voici quelques exemples :

- لِأَنَّ (li'anna) : parce que
- إذا (idhā) : si (condition réelle)
- عِنْدَما (indamā) : quand
- حَتَّى (ḥattā) : jusqu'à ce que
- رَغْمَ أَنَّ (raghma anna) : bien que

Exemple :
بارِدٌ الجَوَّ لِأَنَّ أَخْرُجَ لَنْ
(lan akhruja li'anna al-jawwa bāridun)
Je ne sortirai pas parce qu'il fait froid.

3. Autres conjonctions importantes

- أَنْ (an) : que (pour introduire une proposition complétive)
- كَما (kamā) : comme, de même que
- مِنْ أَجْلِ أَنْ (min ajli an) : afin que, pour que

Exemple de phrase complexe

في مُفيدَةٌ وَ جَميلَةٌ أَنَّهاِ◌ل العَرَبِيَّةَ اللُّغَةَ أَتَعَلَّمَ أَنْ أُرِيدُ العَمَلِ
(urīdu an ata'allama al-lughata al-'arabiyyata li'annahā jamīlatun wa mufīdatun fī al-'amali)
Je veux apprendre la langue arabe parce qu'elle est belle et utile dans le travail.

Exercice

1. Reliez ces paires de phrases en utilisant une conjonction appropriée :
a) في النَّجاحَ أُرِيدُ. كَثيراً أَدْرُسُ الإمْتِحانِ.

b) الخُضارَ سَأَشْتَري .السّوقِ إلى سَأَذْهَبُ
وَ الفَواكِهَ.
c) مَريضاً كُنْتُ .العَمَلِ إلى أَذْهَبْ لَمْ.

2. Traduisez en arabe en utilisant des conjonctions appropriées :
a) Je lis beaucoup de livres pour améliorer mon arabe.
b) Quand il fait beau, nous allons au parc.
c) Il est intelligent mais il ne travaille pas dur.

3. Écrivez deux phrases complexes en arabe en utilisant au moins deux conjonctions différentes dans chaque phrase.

Correction

1. Phrases reliées :
a) في النَّجاحَ أُريدُ لِأَنَّني كَثيراً أَدْرُسُ الإمْتِحانِ.
(adrusu kathīran li'annanī urīdu al-najāḥa fī al-imtiḥāni)

b) الفَواكِهَ وَ الخُضارَ سَأَشْتَري ثُمَّ السّوقِ إلى سَأَذْهَبُ.
(sa'adhhabu ilā al-sūqi thumma sa'ashtarī al-khuḍāra wa al-fawākiha)

c) مَريضاً كُنْتُ لِأَنَّني العَمَلِ إلى أَذْهَبْ لَمْ.
(lam adhhab ilā al-'amali li'annanī kuntu marīḍan)

2. Traductions :
a) لُغَتي تَحْسينِ أَجْلِ مِنْ كَثيرَةً كُتُباً أَقْرَأُ العَرَبِيَّةِ.
(aqra'u kutuba kathīratan min ajli taḥsīni lughatī al-'arabiyyati)

b) الحَديقَةِ إلى نَذْهَبُ ،جَميلاً الجَوُّ يَكونُ عِنْدَما.
('indamā yakūnu al-jawwu jamīlan, nadhhabu ilā al-ḥadīqati)

c) بِجِدٍّ. يَعْمَلُ لا لَكِنَّهُ ذَكِيٌّ هُوَ
(huwa dhakiyyun lākinnahu lā ya'malu bi-jiddin)

3. Exemples de phrases complexes :

- وَ مُمْتِعٌ لِأَنَّهُ السَّفَرَ أُحِبُّ عَلى يُساعِدُني أَنَّهُ كَما ،مُفيدٌ جَديدَةٍ. لُغاتٍ تَعَلُّمِ
(uḥibbu al-safara li'annahu mumti'un wa mufīdun, kamā annahu yusā'idunī 'alā ta'allumi lughātin jadīdatin) J'aime voyager parce que c'est

amusant et utile, et aussi parce que ça m'aide à apprendre de nouvelles langues.

- رَغْمَ أَنَّ الطَّقْسَ كانَ سَيِّئاً، خَرَجْنا لِلتَّنَزُّهِ ثُمَّ ذَهَبْنا إلى المَطْعَمِ.
  (raghma anna al-ṭaqsa kāna sayyi'an, kharajnā li-al-tanazzuhi thumma dhahabnā ilā al-maṭ'ami) Bien que le temps fût mauvais, nous sommes sortis pour une promenade puis nous sommes allés au restaurant.

Continuez à pratiquer l'utilisation des conjonctions en arabe.

Leçon 25 : Les expressions idiomatiques courantes

Bienvenue à la vingt-cinquième leçon ! Aujourd'hui, nous allons découvrir quelques expressions idiomatiques courantes en arabe. Ces expressions enrichiront votre vocabulaire et vous aideront à parler de manière plus naturelle et expressive.

1. Salutations et expressions de politesse

- صَباحُ الخَيْر (ṣabāḥu al-khayr) : Bonjour (le matin)
  Réponse : صَباحُ النّور (ṣabāḥu al-nūr)
- مَساءُ الخَيْر (masā'u al-khayr) : Bonsoir
  Réponse : مَساءُ النّور (masā'u al-nūr)
- الحَمْدُ لله (al-ḥamdu lillāh) : Dieu merci (utilisé pour exprimer la gratitude ou la satisfaction)
- إن شاء الله (in shā'a Allāh) : Si Dieu le veut (utilisé pour parler du futur)

2. Expressions courantes

- على عَيْني (alā 'aynī) : Littéralement "sur mon œil",

signifie "avec plaisir" ou "à votre service"

- بالتَّوْفيق (bi-al-tawfīq) : Bonne chance
- ما شاء الله (mā shā'a Allāh) : Expression d'admiration ou pour se protéger du mauvais œil
- يا سَلام (yā salām) : Wow ! (expression d'admiration ou de surprise)

3. Expressions imagées

- قَلْبي مَعَك (qalbī ma'ak) : Littéralement "mon cœur est avec toi", signifie "je sympathise avec toi"
- على رأسي (alā ra'sī) : Littéralement "sur ma tête", signifie "à vos ordres" ou "avec plaisir"
- عَيْن العَقْل ('ayn al-'aql) : Littéralement "l'œil de la raison", signifie "exactement" ou "tout à fait"

Exemple de dialogue utilisant ces expressions

أحمد: صَباحُ الخَيْر يا محمد. كَيْفَ حالُك؟
محمد: صَباحُ النّور يا أحمد. الحَمْدُ لله، أنا بِخَيْر. وَأنتَ؟
أحمد: بِخَيْر، شُكْراً. هَل يُمْكِنُك مُساعَدَتي في مَشْروعي الجَديد؟
محمد: على عَيْني! سَأُساعِدُك بِكُلِّ سُرور.
أحمد: يا سَلام! أنتَ صَديقٌ رائِع. هذا في لَنا بالتَّوْفيق المَشْروع.
محمد: إن شاء الله سَيَنْجَحُ المَشْروع. قَلْبي مَعَك.

Exercice

Exercice 1 : Relier les Phrases avec une Conjonction

Consigne : Reliez chaque paire de phrases en utilisant une conjonction appropriée en arabe.

1. **أُرِيدُ النَّجاحَ في الاِمْتِحانِ. أَدْرُسُ كَثيراً.**
2. **سَأذْهَبُ إلى السّوقِ. سَأَشْتَري الخُضارَ وَ الفَواكِهَ.**
3. **كُنْتُ مَريضاً. لَمْ أَذْهَبْ إلى العَمَلِ.**

Exercice 2 : Traduction des Conjonctions

Consigne : Traduisez ces phrases en arabe en utilisant des conjonctions appropriées.

1. Je lis beaucoup de livres pour améliorer mon arabe.
2. Quand il fait beau, nous allons au parc.
3. Il est intelligent mais il ne travaille pas dur.

Exercice 3 : Construire des Phrases Complexes

Consigne : Rédigez deux phrases complexes en arabe en utilisant au moins deux conjonctions différentes dans chaque phrase.

Corrections

Correction de l’Exercice 1

1. في جاحَ◌النَ أُرِيدُ لِأَنَّني كَثيراً أَدْرُسُ الإمْتِحانِ.
2. الخُضارَ سَأَشْتَري ثُمَّ السّوقِ إلى سَأَذْهَبُ الفَواكِهَ وَ.
3. مَريضاً كُنْتُ لِأَنَّني العَمَلِ إلى أَذْهَبْ لَمْ.

Correction de l’Exercice 2

1. لُغَتي حْسينِ◌َت أَجْلِ مِنْ كَثيرَةً كُتُباً أَقْرَأُ العَرَبِيَّةِ.
2. إلى نَذْهَبُ ،جَميلاً الجَوُّ يَكونُ عِنْدَما الحَديقَةِ.
3. بِجِدٍّ يَعْمَلُ لا لَكِنَّهُ ذَكِيٌّ هُوَ.

Correction de l’Exercice 3 *(Exemple de phrases)*

1. أَنَّهُ كَما ،مُفيدٌ وَ مُمْتِعٌ لِأَنَّهُ السَّفَرَ أُحِبُّ جَديدَةٍ لُغاتٍ تَعَلُّمِ عَلى يُساعِدُني. *(J'aime voyager parce que c'est amusant et utile, et aussi parce que ça m'aide à apprendre de nouvelles langues.)*
2. رَجْنا◌َخ ،سَيِّئاً كانَ الطَّقْسَ أَنَّ رَغْمَ المَطْعَمِ إلى ذَهَبْنا ثُمَّ لِلتَّنَزُّهِ. *(Bien que le temps fût mauvais, nous sommes sortis pour une promenade puis nous sommes allés au restaurant.)*

Ces exercices permettent d’améliorer **l’utilisation des conjonctions de coordination et de subordination en arabe**

Leçon 26 : Lecture et compréhension de textes courts

Bienvenue à la vingt-sixième leçon ! Aujourd'hui, nous allons nous concentrer sur la lecture et la compréhension de textes courts en arabe. Cette compétence est essentielle pour améliorer votre compréhension globale de la langue.

1. Texte court

Voici un texte court en arabe. Lisez-le attentivement :

طالِبٍ حَياةِ في يَوْمٌ

يَتَناوَلُ .سَةِ◌السّاد السّاعَةِ في صَباحٍ كُلَّ أحمد يَسْتَيْقِظُ
أحمد يَدْرُسُ .ِ◌بِالحافِلَة الجامِعَةِ إلى يَذْهَبُ ثُمَّ فَطورَهُ
،الدِّراسَةِ عْدَ◌َب .بِانْتِظامٍ مُحاضَراتِهِ وَيَحْضُرُ الهَنْدَسَةَ
أحمد يُحِبُّ ،المَساءِ في .دُروسَهُ وَيُذاكِرُ البَيْتِ إلى يَعودُ
.يَنامَ أَنْ قَبْلَ عائِلَتِهِ مَعَ فيلْماً يُشاهِدَ أَوْ كِتاباً يَقْرَأَ أَنْ

2. Vocabulaire clé

- يَسْتَيْقِظُ (yastayqiẓu) : se réveille
- يَتَناوَلُ (yatanāwalu) : prend (un repas)
- الحافِلَة (al-ḥāfila) : le bus
- يَحْضُرُ (yaḥḍuru) : assiste à
- مُحاضَرات (muḥāḍarāt) : cours (à l'université)
- يُذاكِرُ (yudhākiru) : révise, étudie

Exercice

Exercice 1 : Compléter avec le Mot Exclamatif Approprié

Consigne : Complétez les phrases suivantes avec l'expression exclamative correcte (سبحان ،يا ،كم ،ما الله).

1. ____ **!المَبْنَى هذا أَكْبَرَ** (Comme ce bâtiment est grand !)
2. ____ **!جَمِيلٌ الطِّفْلُ هَذا** (Quel bel enfant !)
3. ____ **!قَضَيْنا رائِعٍ يَوْمٍ** (Quelle journée merveilleuse nous avons passée !)
4. ____ **!الطَّعام أَطْيَبَ** (Comme ce repas est délicieux !)
5. ____ **!قَوِيٌّ الجَمَلُ هذا** (Comme ce chameau est fort !)

Exercice 2 : Transformer en Phrase Interrogative

Consigne : Transformez ces phrases déclaratives en phrases interrogatives.

1. أَنا ذاهِبٌ إِلى السُّوقِ.

2. تُحِبُّ القِراءَةَ.

3. هُوَ مُدَرِّسٌ.

4. نَسْكُنُ في دَكَّار.

5. هِيَ تَتَحَدَّثُ العَرَبِيَّةَ.

Exercice 3 : Traduction et Utilisation

Consigne : Traduisez les phrases suivantes en arabe en utilisant les formes exclamatives et interrogatives correctes.

1. Que fais-tu ici ?

2. Comme ce film est intéressant !

3. Où est la gare ?

4. Quelle belle vue !

5. Peux-tu m'aider ?

Corrections

Correction de l'Exercice 1

1. ما أَكْبَرَ هذا المَبْنى!

2. يا هَذا الطِّفْلُ جَمِيلٌ!

3. كم يَوْمٍ رائِعٍ قَضَيْنا!

4. ما أَطْيَبَ الطَّعام!

5. سبحان الله هذا الجَمَلُ قَوِيٌّ!

Correction de l'Exercice 2

1. هَلْ أَنا ذاهِبٌ إِلى السُّوقِ؟

2. هَلْ تُحِبُّ القِراءَةَ؟

3. هَلْ هُوَ مُدَرِّسٌ؟

4. أَيْنَ نَسْكُنُ؟

5. هَلْ هِيَ تَتَحَدَّثُ العَرَبِيَّةَ؟

Correction de l'Exercice 3

1. ماذا تَفْعَلُ هُنا؟

2. ما أَجْمَلَ هَذا الفِيلْمَ!

3. أَيْنَ المَحَطَّةُ؟

4. كَم هَذِهِ المَنْظَرُ جَمِيلٌ!

5. هَلْ يُمْكِنُكَ مُساعَدَتي؟

Ces exercices permettent de mieux comprendre **les phrases exclamatives et interrogatives en arabe** et de les utiliser correctement

Continuez à pratiquer la lecture de textes courts en arabe pour améliorer votre compréhension.

Leçon 27 : Proverbes et dictons arabes

Bienvenue à la vingt-septième leçon ! Aujourd'hui, nous allons découvrir quelques proverbes et dictons arabes populaires. Ces expressions font partie intégrante de la culture arabe et sont souvent utilisées dans la conversation courante.

1. Proverbes arabes célèbres

1. نورٌ العِلْمُ
   (al-'ilmu nūrun)
   Signification : La connaissance est lumière
2. تُصَفِّقُ لا الواحِدَةُ اليَدُ
   (al-yadu al-wāḥidatu lā tuṣaffiqu)
   Signification : Une seule main ne peut pas applaudir (équivalent de "L'union fait la force")
3. قَطَعَكَ تَقْطَعْهُ لَمْ إِنْ كَالسَّيْفِ الوَقْتُ
   (al-waqtu ka-al-sayfi in lam taqṭa'hu qaṭa'aka)
   Signification : Le temps est comme une épée : si tu ne le coupes pas, il te coupera
4. وَجَدَ جَدَّ مَنْ
   (man jadda wajada)
   Signification : Celui qui s'efforce trouve (équivalent de "Qui cherche trouve")

2. Dictons populaires

1. رِجْلَيْكَ مُدَّ لِحافِكَ قَدْرِ على
   ('alā qadri liḥāfika mudda rijlayka)
   Signification : Étends tes jambes selon la longueur de ta couverture (équivalent de "Il faut vivre selon ses moyens")
2. وَإِنْ نَفَعَ مِنْهُ أَقْلَلْتَ إِنْ ،كَالدَّواءِ الكَلامُ قَتَلَ مِنْهُ أَكْثَرْتَ
   (al-kalāmu ka-al-dawā'i, in aqlalta minhu nafa'a wa in aktharta minhu qatala)
   Signification : La parole est comme un médicament : en petite quantité elle guérit, en grande quantité elle tue

3. Exercice

Exercice 1 : Compléter avec le Verbe Modal Approprié

Consigne : Complétez les phrases suivantes avec le verbe modal correct (أَنْ لِ◌َالمُحْتَم مِنَ، قَدْ، يَنْبَغِي، يَجِبُ، يُمْكِنُ).

1. _____ فَرِ◌َ◌َلِلس العَرَبِيَّة تَتَعَلَّمَ أَنْ. (Il faut apprendre l'arabe pour voyager.)
2. _____ غَداً السُّوقِ إِلى نَذْهَبَ. (Nous pourrions aller au marché demain.)
3. _____ اللَّعِبِ قَبْلَ وَاجِبَكَ تَكْتُبَ. (Tu dois faire tes devoirs avant de jouer.)
4. _____ غَداً مُشْمِساً الطَّقْسُ يَكُونُ. (Il est probable que le temps soit ensoleillé demain.)
5. _____ القَوانِين نَحْتَرِمَ أَنْ. (Nous devons respecter les lois.)

Exercice 2 : Transformer les Phrases en Ajoutant un Verbe Modal

Consigne : Réécrivez les phrases en y ajoutant un verbe modal approprié.

1. العَرَبِيَّة أَدْرُسُ. (J'étudie l'arabe.)
2. يَوْمٍ◌ كُلَّ العَمَلِ إِلى يَذْهَبُ هُوَ. (Il va au travail chaque jour.)
3. المَطْعَمِ في نَأْكُلُ نَحْنُ. (Nous mangeons au restaurant.)
4. كِتاباً تَقْرَأُ هِيَ. (Elle lit un livre.)
5. فِيلْماً يُشاهِدُونَ هُمْ. (Ils regardent un film.)

Exercice 3 : Traduction et Utilisation

Consigne : Traduisez les phrases suivantes en arabe en utilisant les verbes modaux corrects.

1. Tu dois finir ton travail avant demain.
2. Il se peut qu'elle vienne ce soir.
3. Nous devons respecter les règles.
4. Il est possible qu'ils soient en retard.
5. Je peux t'aider si tu veux.

Corrections

Correction de l'Exercice 1

1. لِلسَّفَرِ العَرَبِيَّةَ تَتَعَلَّمَ أَنْ **يَجِبُ**.

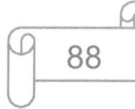

2. غداً السُوقِ إلى نَذْهَبَ **قَدْ**

3. اللَّعِبِ قَبْلَ وَاجِبَكَ تَكْتُبَ أَنْ **يَنْبَغِي**.

4. غَداً مُشْمِساً الطَّقْسُ يَكُونَ **أَنْ المُحْتَمَلِ مِنَ**.

5. القَوانِينِ نَحْتَرِمَ أَنْ **يَجِبُ**.

Correction de l'Exercice 2

1. **ةَ◌العَرَبِيَ أَدْرُسَ أَنْ عَلَيَّ يَجِبُ.**

2. **يَوْمٍ كُلَّ العَمَلِ إلى يَذْهَبَ أَنْ عَلَيْهِ يَنْبَغِي.**

3. **المَطْعَمِ في نَأْكُلَ أَنْ يُمْكِنُنَا.**

4. **كِتاباً تَقْرَأُ قَدْ.**

5. **فِيلْماً يُشاهِدُوا أَنْ المُحْتَمَلِ مِنَ.**

Correction de l'Exercice 3

1. **غَدٍ قَبْلَ عَمَلَكَ تُنْهِـيَ أَنْ عَلَيْكَ يَجِبُ.**

2. **المَسَاءَ هَذَا هِيَ تَأْتِيَ أَنْ المُحْتَمَلِ مِنَ.**

3. **واعِدَ◌القَ نَحْتَرِمَ أَنْ عَلَيْنَا يَنْبَغِي.**

4. **مُتَأَخِّرِينَ يَكُونُونَ قَدْ.**

5. **تَ◌أرَدْ إذَا أُساعِدَكَ أَنْ يُمْكِنُنِي.**

Ces exercices permettent de mieux comprendre **l'utilisation des verbes modaux en arabe** et de les employer dans des contextes variés

Leçon 28 : Introduction à la poésie arabe classique

Bienvenue à la vingt-huitième leçon ! Aujourd'hui, nous allons découvrir les bases de la poésie arabe classique, un élément fondamental de la littérature et de la culture arabes.

1. Caractéristiques de la poésie arabe classique

- Utilisation de mètres (بُحور - buḥūr) et de rimes (قَوافي - qawāfī)
- Structure en deux hémistiches (شَطْر - shaṭr) par vers
- Thèmes récurrents : l'amour, l'éloge, la sagesse, la description de la nature

2. Exemple de poème classique

Voici un vers célèbre du poète Al-Mutanabbi :

عَنِ إِلَيْهِ الفُؤادُ نَقَلَ الأَوَّلِ لِلْحَبيبِ إِلّا الحُبُّ وَما الأَوَّلِ

(wa mā al-ḥubbu illā li-l-ḥabībi al-awwali naqala al-fu'ādu ilayhi 'ani al-awwali)

Traduction :
L'amour n'est que pour le premier bien-aimé,
Le cœur lui est transféré du premier.

3. Vocabulaire poétique

- قَصيدَة (qaṣīda) : poème
- بَيْت (bayt) : vers
- شاعِر (shā'ir) : poète
- قافِيَة (qāfiya) : rime

4. Exercice

Exercice 1 : Compléter les Proverbes

Consigne : Complétez ces proverbes arabes en insérant le mot manquant.

1. العِلْمُ ____ (La connaissance est …)
2. لا الواحِدَةُ اليَدُ ____ (Une seule main ne peut pas …)
3. هُتَقْطَعْ لَمْ إنْ ،كَالسَّيْفِ الوَقْتُ ____ (Le temps est comme une épée : si tu ne le coupes pas, …)
4. جَدَّ مَنْ ____ (Celui qui s'efforce …)
5. لِحافِكَ قَدْرِ عَلى ____ (Étends tes jambes selon …)

Exercice 2 : Associer les Proverbes à Leur Signification

Consigne : Reliez chaque proverbe arabe à sa signification en français.

1. نورٌ العِلْمُ
2. تُصَفِّقُ لا الواحِدَةُ اليَدُ
3. وَجَدَ جَدَّ مَنْ
4. قَطَعَكَ تَقْطَعْهُ لَمْ إنْ كَالسَّيْفِ الوَقْتُ
5. وَإنْ نَفَعَ نْهُم أَقْلَلْتَ إنْ ،كَالدَّواءِ الكَلامُ قَتَلَ مِنْهُ أَكْثَرْتَ

a) Celui qui travaille dur réussit.
b) La connaissance éclaire l'esprit.
c) Le temps est précieux, ne le gaspille pas.
d) Une seule main ne peut rien accomplir seule.
e) Trop parler peut être nuisible.

Exercice 3 : Traduction et Réflexion

Consigne : Traduisez ces proverbes en arabe et expliquez leur signification en quelques mots.

1. "Mieux vaut tard que jamais."

2. "À cœur vaillant, rien d'impossible."

3. "Ne remets pas à demain ce que tu peux faire aujourd'hui."

4. "L'union fait la force."

5. "Patience et longueur de temps font plus que force ni que rage."

Corrections

Correction de l'Exercice 1

1. نورٌ العِلْمُ (La connaissance est lumière.)

2. تُصَفِّقُ لا الواحِدَةُ اليَدُ (Une seule main ne peut pas applaudir.)

3. قَطَعَكَ هُ◌ْتَقْطَعْ لَمْ إنْ ،كَالسَّيْفِ الوَقْتُ (Le temps est comme une épée : si tu ne le coupes pas, il te coupera.)

4. وَجَدَ جَدَّ مَنْ (Celui qui s'efforce trouve [réussit].)

5. رِجْلَيْكَ مُدَّ لِحافِكَ قَدْرِ عَلى (Étends tes jambes selon la longueur de ta couverture [Il faut vivre selon ses moyens].)

Correction de l'Exercice 2

1. العِلْمُ نورٌ → **b) La connaissance éclaire l'esprit.**

2. تُصَفِّقُ لا الواحِدَةُ اليَدُ → **d) Une seule main ne peut rien accomplir seule.**

3. وَجَدَ جَدَّ مَنْ → **a) Celui qui travaille dur réussit.**

4. قَطَعَكَ تَقْطَعْهُ لَمْ إنْ كَالسَّيْفِ الوَقْتُ → **c) Le temps est précieux, ne le gaspille pas.**

5. وَإنْ نَفَعَ نـهُ◌م أَقْلَلْتَ إنْ ،كَالدَّواءِ الكَلامُ قَتَلَ مِنْهُ أَكْثَرْتَ → **e) Trop parler peut être nuisible.**

Correction de l'Exercice 3

1. أَبَدًا تَأْتِيَ لا أَنْ مِنْ مُتَأَخِّرًا الأَفْضَلُ (Mieux vaut tard que jamais.) → Il est préférable de faire quelque chose en retard plutôt que de ne jamais le faire.

2. مُسْتَحِيلٌ شَيْءَ لا القَوِيَّةِ العَزِيمَةِ لِذِي (À cœur vaillant, rien d'impossible.)

→ Avec de la détermination, on peut tout accomplir.

3. لا تُؤَجِّلْ عَمَلَ اليَوْمِ إلى الغَدِ (Ne remets pas à demain ce que tu peux faire aujourd'hui.) → Il faut accomplir ses tâches à temps sans procrastiner.

4. القُوَّةِ إلى يُؤَدِّي الاِتِّحَادُ (L'union fait la force.) → Ensemble, nous sommes plus forts.

5. وَ ةَ القُو يَغْلِبَانِ الطُّولُ وَ الصَّبْرُ الغَضَبَ (Patience et longueur de temps font plus que force ni que rage.) → La patience et la persévérance sont plus efficaces que la violence et l'empressement.

Ces exercices permettent de mieux comprendre **les proverbes et dictons arabes** et de les utiliser dans des contextes appropriés

Leçon 29 : Introduction aux dialectes arabes

Bienvenue à la vingt-neuvième leçon ! Aujourd'hui, nous allons explorer les dialectes arabes, une partie importante de la langue arabe parlée au quotidien.

1. L'arabe standard moderne et les dialectes

- L'arabe standard moderne (فُصْحى - fuṣḥā) : utilisé dans les médias, l'éducation et la littérature
- Les dialectes (عامِيَّة - 'āmmiyya ou لَهْجات - lahajāt) : utilisés dans la vie quotidienne

2. Principaux groupes de dialectes arabes

1. Dialectes maghrébins (Maroc, Algérie, Tunisie, Libye)
2. Dialectes égyptiens et soudanais
3. Dialectes levantins (Syrie, Liban, Palestine, Jordanie)

4. Dialectes du Golfe (Arabie Saoudite, Émirats Arabes Unis, Qatar, Bahreïn, Koweït)
5. Dialecte irakien

3. Exemples de différences dialectales

Prenons l'expression "Comment vas-tu ?" dans différents dialectes :

- Arabe standard : كَيْفَ حالُكَ؟ (kayfa ḥāluka?)
- Égyptien : إزَّيَّك؟ (izzayyak?)
- Levantin : كيفَك؟ (kīfak?)
- Marocain : لاباس؟ (labās?)
- Golfe : شلونك؟ (shlōnak?)

4. Vocabulaire lié aux dialectes

- لَهْجَة (lahja) : dialecte
- مَحَلّي (maḥallī) : local
- نُطْق (nuṭq) : prononciation
- تَعْبير (ta'bīr) : expression

5. Exercice

Exercice 1 : Compléter avec l'Adjectif Comparatif ou Superlatif Approprié

Consigne : Complétez les phrases suivantes en utilisant la forme comparative ou superlative correcte de l'adjectif.

1. اللُّغَةُ العَرَبِيَّةُ ____ مِنَ اللُّغَةِ الإِنْجليزيَّةِ. (difficile)
2. هَذا الفُنْدُقُ هُوَ ____ في المَدِينَةِ. (bon)
3. أَحْمَدُ ____ الطُّلَّابِ في القِسْمِ. (intelligent)
4. القِطَّةُ ____ مِنَ الكَلْبِ. (petite)
5. هَذِهِ السَّيَّارَةُ ____ مِنْ تِلْكَ. (rapide)

Exercice 2 : Transformer en Phrase Superlative

Consigne : Transformez les phrases suivantes en superlatif.

1. هَذا البَيْتُ كَبيرٌ.
2. فَاطِمَةُ ذَكِيَّةٌ.
3. هَذِهِ المُعَلِّمَةُ لَطِيفَةٌ.
4. المَكْتَبَةُ قَرِيبَةٌ مِنَ المَدْرَسَةِ.
5. الجِبَالُ عَالِيَةٌ.

Exercice 3 : Traduction et Utilisation

Consigne : Traduisez en arabe les phrases suivantes en utilisant les formes comparatives et superlatives.

1. Cette voiture est plus rapide que celle-là.
2. Ahmed est le plus intelligent de la classe.
3. Le château est plus ancien que la maison.
4. Ce restaurant est le meilleur de la ville.
5. L’été est plus chaud que l’hiver.

Corrections

Correction de l'Exercice 1

1. الإِنْجِليزِيَّةِ اللُّغَةِ مِنَ أَصْعَبُ العَرَبِيَّةُ اللُّغَةُ.
2. المَدِينَةِ في الأَفْضَلُ هُوَ الفُنْدُقُ هَذا.
3. القِسْمِ في الطُّلّابِ أَذْكَى أَحْمَدُ.
4. الكَلْبِ مِنَ أَصْغَرُ القِطَّةُ.
5. ◌َتِلْك مِنْ أَسْرَعُ السَّيّارَةُ هَذِهِ.

Correction de l'Exercice 2

1. الأَكْبَرُ هُوَ البَيْتُ هَذا.
2. الأَذْكَى هِيَ فَاطِمَةُ.
3. الأَلْطَفُ هِيَ المُعَلِّمَةُ هَذِهِ.
4. رَسَةِ◌ْالمَد مِنَ الأَقْرَبُ هِيَ المَكْتَبَةُ.
5. الأَعْلَى هِيَ الجِبَالُ.

Correction de l'Exercice 3

1. ◌َتِلْك مِنْ أَسْرَعُ السَّيّارَةُ هَذِهِ.
2. الصَّفِّ فِي الأَذْكَى هُوَ أَحْمَدُ.
3. المَنْزِلِ مِنَ أَقْدَمُ القَصْرُ.
4. دِينَةِ◌َالم فِي الأَفْضَلُ هُوَ المَطْعَمُ هَذا.
5. الشِّتَاءِ مِنَ أَحَرُّ الصَّيْفُ.

Ces exercices permettent de mieux comprendre **les comparatifs et superlatifs en arabe** et de les appliquer correctement

Leçon 30 : L'arabe des médias

Bienvenue à la trentième leçon ! Aujourd'hui, nous allons explorer l'arabe utilisé dans les médias, une variante importante de l'arabe standard moderne.

1. Caractéristiques de l'arabe des médias

- Utilisation de l'arabe standard moderne avec quelques simplifications
- Vocabulaire spécifique lié à l'actualité et aux domaines spécialisés
- Structures de phrases plus courtes et directes que dans l'arabe littéraire
- Influence occasionnelle des dialectes locaux, surtout dans les émissions de télévision

2. Vocabulaire courant dans les médias arabes

- الأَخْبار (al-akhbār) : les nouvelles
- نَشْرَة (nashra) : bulletin
- مُراسِل (murāsil) : correspondant
- مُقابَلَة (muqābala) : interview
- تَقْرير (taqrīr) : rapport
- عاجِل ('ājil) : urgent
- مُؤْتَمَر صَحَفي (mu'tamar ṣaḥafī) : conférence de presse

3. Exemple de titre d'actualité

رَئيسُ الوُزَراءِ يَفْتَتِحُ مَشْروعاً جَديداً لِلطّاقَةِ المُتَجَدِّدَةِ

(ra'īsu al-wuzarā'i yaftatiḥu mashrū'an jadīdan li-l-ṭāqati al-mutajaddidati) Le Premier ministre inaugure un nouveau projet d'énergie renouvelable

4. Expressions courantes dans les reportages

- وَفْقاً لِـ (wafqan li-) : selon
- مِنْ جانِبِهِ (min jānibihi) : de son côté
- في غُضونِ ذَلِكَ (fī ghuḍūni dhālika) : entre-temps
- يُذْكَرُ أَنَّ (yudhkaru anna) : il est à noter que

5. Exercice

Exercice 1 : Identifier les Dialectes

Consigne : Associez chaque phrase à son dialecte arabe correspondant.

1. إزَّيَّك؟ (Comment vas-tu ?)
2. بَزَّاف (Beaucoup)
3. قَهْوَة أَشْرَب بِدّي (Je veux boire du café)
4. شْلونَك؟ (Comment vas-tu ?)
5. دَلْوَقْتي (Maintenant)

Exercice 2 : Traduction et Adaptation Dialectale

Consigne : Traduisez la phrase suivante en arabe standard et adaptez-la dans trois dialectes arabes.

Phrase en français : "J'aime apprendre les dialectes arabes."

1. **Arabe standard :**
2. **Dialecte égyptien :**
3. **Dialecte maghrébin :**
4. **Dialecte levantin :**

Exercice 3 : Identifier les Différences Dialectales

Consigne : Complétez le tableau avec les différentes façons de dire ces mots en arabe standard et en dialectes.

Français	**Arabe standard**	**Dialecte égyptien**	**Dialecte maghrébin**	**Dialecte levantin**
Pain	?	?	?	?
Maison	?	?	?	?
Pourquoi	?	?	?	?
Maintenant	?	?	?	?
Merci	?	?	?	?

Corrections

Correction de l'Exercice 1

1. إزَّيَّك؟ → Dialecte égyptien
2. بَزَّاف → Dialecte maghrébin
3. قَهْوَة أَشْرَب بِدّي → Dialecte levantin
4. شْلونَك؟ → Dialecte du Golfe
5. دَلْوَقْتي → Dialecte égyptien

Correction de l'Exercice 2

1. **Arabe standard :** أُحِبُّ تَعَلُّمَ اللَّهَجاتِ العَرَبِيَّةِ.

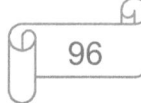

2. **Dialecte égyptien : بحب أنا العربي اللهجات أتعلم.**

3. **Dialecte maghrébin : كنحب العربية اللهجات نتعلم.**

4. **Dialecte levantin : أتعلم بحب أنا العربية اللهجات.**

Correction de l'Exercice 3

Français	**Arabe standard**	**Dialecte égyptien**	**Dialecte maghrébin**	**Dialecte levantin**
Pain	خُبْز (khubz)	عيش ('aysh)	خبز (khobz)	خبز (khubz)
Maison	بَيْت (bayt)	بيت (bēt)	دار (dār)	بيت (bayt)
Pourquoi	لِماذا (limādhā)	ليه؟ (lēh?)	علاش؟ ('lāsh?)	ليش؟ (lēsh?)
Maintenant	الآن (al-ān)	دَلْوَقْتي (dilwa'tī)	دابا (dāba)	هَلَق (halla')
Merci	شُكْراً (shukran)	مِرْسي (mersi)	الله بارك فيك (barak allah fik)	يسلمو (yislamu)

Ces exercices permettent de mieux comprendre **les différences entre l'arabe standard et les dialectes arabes**

📖 ✦ ✦ ✦ ✦ ✦ ✦ 🌍

Partie II : L'essentiel de la grammaire arabe

Cette section vous guide à travers les notions fondamentales de la grammaire arabe, comme les cas grammaticaux, la conjugaison des verbes et les accords entre noms et adjectifs. Grâce à des explications claires et des exercices progressifs, vous maîtriserez les structures nécessaires pour construire des phrases simples et précises en arabe.

Chapitre 1 : L'alphabet arabe et les voyelles

L'alphabet arabe est la base fondamentale pour apprendre la langue arabe. Ce chapitre vous guidera à travers les lettres de l'alphabet et le système de vocalisation.

1. Les 28 lettres de l'alphabet arabe

L'alphabet arabe se compose de 28 lettres, écrites de droite à gauche. Voici les lettres dans l'ordre :

ا ب ت ث ج ح خ د ذ ر ز س ش ص ض ط ظ ع غ
ف ق ك ل م ن هـ و ي

Chaque lettre a quatre formes différentes selon sa position dans le mot :

- **Isolée** : lorsque la lettre est seule
- **Initiale** : au début d'un mot
- **Médiane** : au milieu d'un mot
- **Finale** : à la fin d'un mot

Par exemple, la lettre "ب" (bā') :

- Isolée : ب
- Initiale : بـ
- Médiane : ـبـ
- Finale : ـب

2. Les voyelles courtes et longues

En arabe, les voyelles courtes sont représentées par des signes diacritiques placés au-dessus ou en dessous des consonnes :

- ◌َ (fatḥa) : son "a" court
- ◌ِ (kasra) : son "i" court
- ◌ُ (ḍamma) : son "ou" court

Les voyelles longues sont formées en combinant une voyelle courte avec une lettre :

- ا (alif) avec fatḥa : **ā** long
- ي (yā') avec kasra : **ī** long
- و (wāw) avec ḍamma : **ū** long

3. Autres signes importants

- ◌ّ (shadda) : indique le doublement d'une consonne
- ◌ْ (sukūn) : indique l'absence de voyelle

Exercices

1. **Identifiez les formes des lettres suivantes dans ces mots:**

كتاب (kitāb - livre)
مدرسة (madrasa - école)
قلم (qalam - stylo)

2. **Ajoutez les voyelles courtes manquantes à ces mots:**

كتب (kataba - il a écrit)
علم ('alima - il a su)
درس (darasa - il a étudié)

3. **Écrivez ces mots en utilisant l'alphabet arabe:**

- salām (paix)
- madīna (ville)
- kitāb (livre)

Correction

1. Identification des formes :

كتاب : ك (initiale), تـ (médiane), ـا (médiane), ب (finale)
مدرسة : مـ (initiale), ـدـ (médiane), ر (médiane), ـسـ (médiane), ـة (finale)
قلم : قـ (initiale), ـلـ (médiane), ـم (finale)

2. Ajout des voyelles courtes :

كَتَبَ
عَلِمَ
دَرَسَ

3. Écriture en alphabet arabe :

- salām : سَلَام
- madīna : مَدِينَة
- kitāb : كِتَاب

Ce chapitre vous a fourni les bases de l'alphabet arabe et du système de vocalisation. Pratiquez régulièrement l'écriture et la lecture de ces lettres et voyelles pour vous familiariser avec le système d'écriture arabe.

Chapitre 2 : Les noms et les adjectifs en arabe

Ce chapitre se concentre sur les noms et les adjectifs en arabe, leurs caractéristiques et leur utilisation dans la phrase.

1. Le genre des noms

En arabe, chaque nom est soit **masculin** soit **féminin**.

- Les noms masculins n'ont généralement pas de marque spécifique. Exemple : كِتاب (kitāb - livre)

- La plupart des noms féminins se terminent par ة (tā' marbūṭa). Exemple : مَدْرَسَة (madrasa - école)

Cependant, il existe des exceptions à cette règle qu'il faut apprendre par la pratique.

2. Le nombre des noms

L'arabe distingue trois nombres : **singulier**, **duel** et **pluriel**.

- Le singulier est la forme de base du nom.

- Le duel se forme en ajoutant ان- (āni) au singulier. Exemple : كِتابان (kitābāni - deux livres)

- Le pluriel peut être régulier ou irrégulier (brisé). Pluriel régulier masculin : ajout de ون- (ūna) Exemple : مُعَلِّمون (mu'allimūna - enseignants)
  Pluriel régulier féminin : ajout de ات- (āt)
  Exemple : مُعَلِّمات (mu'allimāt - enseignantes)

3. Les adjectifs

Les adjectifs en arabe s'accordent avec le nom qu'ils qualifient en **genre**, **nombre** et **cas**.

- Masculin singulier : forme de base
  Exemple : كَبير (kabīr - grand)

- Féminin singulier : ajout de ة (a)
  Exemple : كَبيرَة (kabīra - grande)

- Duel : comme pour les noms

- Pluriel : suit généralement les règles des noms

4. L'ordre des mots

Dans une phrase nominale simple, l'ordre habituel est : **Nom + Adjectif**
Exemple : بَيْت كَبير (bayt kabīr - une grande maison)

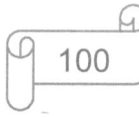

Exercices

1. **Donnez le féminin de ces noms:**
   - مُعَلِّم (mu'allim - enseignant)
   - طالِب (ṭālib - étudiant)
   - مُدير (mudīr - directeur)
2. **Mettez ces noms au duel puis au pluriel:**
   - كِتاب (kitāb - livre)
   - مَدْرَسَة (madrasa - école)
3. **Accordez l'adjectif avec le nom:**
   - بِنْت (fille) + جَميل (beau)
   - أَوْلاد (garçons) + ذَكِيّ (intelligent)

Correction

1. Féminin des noms :
   - مُعَلِّم → **مُعَلِّمَة** (mu'allima)
   - **طالِبَة** → طالِب (ṭāliba)
   - مُدير → **مُديرَة** (mudīra)
2. Duel et pluriel :
   - كِتاب → Duel : **كِتابان** (kitābāni), Pluriel : **كُتُب** (kutub)
   - مَدْرَسَة → Duel : **مَدْرَسَتان** (madrasat āni), Pluriel : **مَدارِس** (madāris)
3. Accord de l'adjectif :
   - جَميلَة بِنْت (bint jamīla - une belle fille)
   - أَوْلاد أَذْكِياء (awlād adhkiyā' - des garçons intelligents)

Ce chapitre vous a présenté les bases des noms et des adjectifs en arabe. Continuez à pratiquer ces concepts pour les maîtriser pleinement.

Chapitre 3 : Les pronoms personnels et possessifs

Ce chapitre traite des pronoms personnels et possessifs en arabe, éléments essentiels pour construire des phrases et exprimer la possession.

1. Les pronoms personnels sujets

En arabe, les pronoms personnels sujets sont :

- أنا (anā) : Je
- أَنْتَ (anta) : Tu (masculin)
- أَنْتِ (anti) : Tu (féminin)
- هُوَ (huwa) : Il
- هِيَ (hiya) : Elle
- نَحْنُ (naḥnu) : Nous
- أَنْتُم (antum) : Vous (masculin pluriel)
- أَنْتُنَّ (antunna) : Vous (féminin pluriel)
- هُم (hum) : Ils
- هُنَّ (hunna) : Elles

Ces pronoms sont souvent omis dans les phrases verbales car la conjugaison du verbe indique déjà le sujet.

2. Les pronoms personnels objets

Les pronoms objets s'attachent directement au verbe ou à une préposition. Voici leurs formes :

- ـني (-nī) : me
- ـكَ (-ka) : te (masculin)
- ـكِ (-ki) : te (féminin)
- ـهُ (-hu) : le
- ـها (-hā) : la
- ـنا (-nā) : nous
- ـكُم (-kum) : vous (masculin pluriel)
- ـكُنَّ (-kunna) : vous (féminin pluriel)
- ـهُم (-hum) : les (masculin)
- ـهُنَّ (-hunna) : les (féminin)

3. Les pronoms possessifs

En arabe, les pronoms possessifs sont des suffixes qui s'attachent directement au nom. Ils ont la même forme que les pronoms objets :

- **كِتابي** (kitābī) : mon livre
- **كِتابُكَ** (kitābuka) : ton livre (masculin)
- **كِتابُكِ** (kitābuki) : ton livre (féminin)
- **كِتابُهُ** (kitābuhu) : son livre (à lui)
- **كِتابُها** (kitābuhā) : son livre (à elle)
- etc.

Exercices

1. **Traduisez ces phrases en arabe:**
    - Je suis étudiant.
    - Elle est professeure.
    - Nous sommes amis.
2. **Ajoutez le pronom objet approprié à ces verbes:**
    - يَرى (yarā - il voit) + me
    - تَسْأَلُ (tas'alu - elle demande) + vous (masculin pluriel)
    - نُساعِدُ (nusā'idu - nous aidons) + les (féminin)
3. **Ajoutez les pronoms possessifs à ces noms:**
    - بَيْت (bayt - maison) + notre
    - مَدْرَسَة (madrasa - école) + leur (masculin)
    - كُتُب (kutub - livres) + vos (féminin pluriel)

Correction

1. Traductions :
    - Je suis étudiant : **أنا طالِب** (anā ṭālib)

- Elle est professeure : هِيَ مُعَلِّمَة (hiya mu'allima)
- Nous sommes amis : نَحْنُ أَصْدِقاء (naḥnu aṣdiqā')

2. Ajout des pronoms objets :
   - يَراني (yarānī) : il me voit
   - تَسْأَلُكُم (tas'alukum) : elle vous demande
   - نُساعِدُهُنَّ (nusā'iduhunna) : nous les aidons
3. Ajout des pronoms possessifs :
   - بَيْتُنا (baytunā) : notre maison
   - مَدْرَسَتُهُم (madrasatuhum) : leur école
   - كُتُبُكُنَّ (kutubkunna) : vos livres

Ce chapitre vous a présenté les pronoms personnels et possessifs en arabe. La maîtrise de ces pronoms est essentielle pour construire des phrases correctes et exprimer la possession.

Chapitre 4 : Les verbes et la conjugaison de base

Ce chapitre se concentre sur les verbes arabes et leur conjugaison de base, un élément fondamental de la grammaire arabe.

1. La racine verbale

En arabe, la plupart des verbes sont dérivés d'une racine composée généralement de trois consonnes. Par exemple, la racine ك-ت-ب (k-t-b) est liée à l'idée d'écriture.

2. Les temps verbaux de base

Les trois temps verbaux de base en arabe sont :

- الماضي (al-māḍī) : le passé
- المضارع (al-muḍāri') : le présent

- الأمر (al-amr) : l'impératif

3. Conjugaison au passé

La conjugaison au passé se fait en ajoutant des suffixes à la racine verbale. Prenons l'exemple du verbe **كَتَبَ** (kataba - écrire) :

- كَتَبْتُ أنا (anā katabtu) : J'ai écrit
- كَتَبْتَ أنتَ (anta katabta) : Tu as écrit (masculin)
- كَتَبْتِ أنتِ (anti katabti) : Tu as écrit (féminin)
- كَتَبَ هو (huwa kataba) : Il a écrit
- كَتَبَتْ هي (hiya katabat) : Elle a écrit
- كَتَبْنا نحن (naḥnu katabnā) : Nous avons écrit
- كَتَبْتُم أنتم (antum katabtum) : Vous avez écrit (pluriel masculin)
- كَتَبْتُنَّ أنتنّ (antunna katabtunna) : Vous avez écrit (pluriel féminin)
- كَتَبوا هم (hum katabū) : Ils ont écrit
- كَتَبْنَ هنّ (hunna katabna) : Elles ont écrit

4. Conjugaison au présent

La conjugaison au présent utilise des préfixes et des suffixes. Exemple avec le même verbe :

- أَكْتُبُ أنا (anā aktubu) : J'écris
- تَكْتُبُ أنتَ (anta taktubu) : Tu écris (masculin)
- تَكْتُبِينَ أنتِ (anti taktubīna) : Tu écris (féminin)
- يَكْتُبُ هو (huwa yaktubu) : Il écrit
- تَكْتُبُ هي (hiya taktubu) : Elle écrit
- نَكْتُبُ نحن (naḥnu naktubu) : Nous écrivons
- تَكْتُبونَ أنتم (antum taktubūna) : Vous écrivez (pluriel masculin)

- أنتنّ تَكْتُبْنَ (antunna taktubna) : Vous écrivez (pluriel féminin)
- هم يَكْتُبونَ (hum yaktubūna) : Ils écrivent
- هنّ يَكْتُبْنَ (hunna yaktubna) : Elles écrivent

Exercices

1. **Conjuguez le verbe فَتَحَ (fataḥa - ouvrir) au passé pour:**
    - Je
    - Vous (masculin pluriel)
    - Elles
2. **Conjuguez le verbe قَرَأَ (qara'a - lire) au présent pour:**
    - Tu (féminin)
    - Nous
    - Ils
3. **Traduisez ces phrases en arabe:**
    - Il a mangé une pomme.
    - Nous étudions l'arabe.
    - Elles voyagent souvent.

Correction

1. Conjugaison de فَتَحَ au passé :
    - Je : فَتَحْتُ (fataḥtu)
    - Vous (masculin pluriel) : فَتَحْتُم (fataḥtum)
    - Elles : فَتَحْنَ (fataḥna)
2. Conjugaison de قَرَأَ au présent :
    - Tu (féminin) : تَقْرَئينَ (taqra'īna)
    - Nous : نَقْرَأُ (naqra'u)
    - Ils : يَقْرَؤونَ (yaqra'ūna)
3. Traductions :

- Il a mangé une pomme : أَكَلَ تُفَّاحَةً (akala tuffāḥatan)
- Nous étudions l'arabe : نَدْرُسُ العَرَبِيَّةَ (nadrusu al-'arabiyyata)
- Elles voyagent souvent : هُنَّ يُسافِرْنَ كَثيراً (hunna yusāfirna kathīran)

Ce chapitre vous a présenté les bases de la conjugaison des verbes en arabe. La pratique régulière est essentielle pour maîtriser ces conjugaisons.

Chapitre 5 : La phrase nominale et la phrase verbale

Ce chapitre traite des deux types principaux de phrases en arabe : la phrase nominale et la phrase verbale. Comprendre cette distinction est crucial pour construire des phrases correctes en arabe.

1. La phrase nominale (الجُمْلَة الاِسْمِيَّة)

La phrase nominale en arabe commence par un nom ou un pronom. Elle se compose généralement de deux parties :

- المُبْتَدَأ (al-mubtada') : le sujet
- الخَبَر (al-khabar) : le prédicat

Exemple : الكِتابُ جَدِيدٌ (al-kitābu jadīdun) - Le livre est nouveau

- المُبْتَدَأ : الكِتابُ (le livre)
- الخَبَر : جَديدٌ (nouveau)

La phrase nominale est utilisée pour décrire un état ou une caractéristique permanente.

2. La phrase verbale (الجُمْلَة الفِعْلِيَّة)

La phrase verbale commence par un verbe. L'ordre habituel est :

Verbe + Sujet + Complément(s)

Exemple : يَقْرَأُ الطَّالِبُ الكِتابَ (yaqra'u al-ṭālibu al-kitāba) - L'étudiant lit le livre

La phrase verbale est utilisée pour exprimer des actions ou des événements.

3. Négation des phrases

- Pour nier une phrase nominale au présent, on utilise généralement **لَيْسَ** (laysa) Exemple : **جَديداً لَيْسَ الكِتابُ** (al-kitābu laysa jadīdan) - Le livre n'est pas nouveau

- Pour nier une phrase verbale au passé, on utilise **ما** (mā) ou **لَمْ** (lam) Exemple : **الطَّالِبُ قَرَأَ ما الكِتابَ** (mā qara'a al-ṭālibu al-kitāba) - L'étudiant n'a pas lu le livre

4. Questions

Pour former une question, on peut simplement ajouter **هَل** (hal) au début de la phrase : **جَديدٌ؟ الكِتابُ هَل** (hal al-kitābu jadīdun?) - Le livre est-il nouveau ?

Exercices

1. **Identifiez si ces phrases sont nominales ou verbales :**

   - اليَوْمَ حارٌ الجَوُّ
   - ِالمَكْتَبَة في الطُّلّابُ يَدْرُس
   - ذَكِيَّةٌ المُعَلِّمَةُ

2. **Transformez ces phrases affirmatives en phrases négatives :**

   - جَميلٌ الطَّقْسُ
   - المَدْرَسَةِ إلى الوَلَدُ ذَهَبَ

3. **Formez des questions à partir de ces affirmations :**

   - الحَديقَةِ في تَلْعَبُ البِنْتُ
   - الفَصْلِ في المُدَرِّسُ

Correction

1. Identification :

   - اليَوْمَ حارٌ الجَوُّ - Phrase nominale
   - ِالمَكْتَبَة في الطُّلّابُ يَدْرُس - Phrase verbale

- ذَكِيَّةٌ المُعَلِّمَةُ - Phrase nominale

2. Phrases négatives :

- جَميلاً لَيْسَ الطَّقْسُ (al-ṭaqsu laysa jamīlan)

- م
المَدْرَسَةِ إلى الوَلَدُ ذَهَبَ ا (mā dhahaba al-waladu ilā al-madrasati)

3. Questions :

- في البِنْتُ تَلْعَبُ هَل الحَديقَةِ؟ (hal tal'abu al-bintu fī al-ḥadīqati?)

- الفَصْلِ؟ في المُدَرِّسُ هَل (hal al-mudarrisu fī al-faṣli?)

Ce chapitre vous a présenté les bases des phrases nominales et verbales en arabe. La pratique de ces structures est essentielle pour construire des phrases correctes et variées.

Chapitre 6 : Les cas grammaticaux en arabe

Ce chapitre aborde les cas grammaticaux en arabe, un aspect fondamental de la grammaire qui affecte la fin des mots selon leur fonction dans la phrase.

1. Les trois cas grammaticaux

En arabe classique, il existe trois cas grammaticaux principaux :

1. **الرَّفْع** (al-raf') : le nominatif
2. **النَّصْب** (al-naṣb) : l'accusatif
3. **الجَرّ** (al-jarr) : le génitif

2. Le cas nominatif (الرَّفْع)

Utilisé pour :

- Le sujet d'une phrase nominale (المُبْتَدَأ)
- Le prédicat d'une phrase nominale (الخَبَر)
- Le sujet d'un verbe (الفاعِل)

Marques du nominatif :

- Pour les noms singuliers et pluriels irréguliers : ـُ (ḍamma)
- Pour le duel : ـان (-āni)
- Pour le pluriel masculin régulier : ـون (-ūna)

Exemple : الطّالِبُ يَدْرُسُ (al-ṭālibu yadrusu) - L'étudiant étudie

3. Le cas accusatif (النَّصْب)

Utilisé pour :

- Le complément d'objet direct
- Le nom de إنَّ et ses sœurs
- L'attribut de كانَ et ses sœurs

Marques de l'accusatif :

- Pour les noms singuliers et pluriels irréguliers : ـَ (fatḥa)
- Pour le duel : ـيْن (-ayni)
- Pour le pluriel masculin régulier : ـين (-īna)

Exemple : الطّالِبَ رَأَيْتُ (ra'aytu al-ṭāliba) - J'ai vu l'étudiant

4. Le cas génitif (الجَرّ)

Utilisé pour :

- Le nom après une préposition
- Le deuxième terme d'une annexion (إضافة)

Marques du génitif :

- Pour les noms singuliers et pluriels irréguliers : ـِ (kasra)
- Pour le duel : ـيْن (-ayni)
- Pour le pluriel masculin régulier : ـين (-īna)

Exemple : المَدْرَسَةِ إلى ذَهَبْتُ (dhahabtu ilā al-madrasati) - Je suis allé à l'école

Exercices

1. **Identifiez le cas grammatical des mots soulignés:**
   - الدَّرْسَ الطّالِبُ كَتَبَ
   - السّوقِ إلى صَديقي مَعَ ذَهَبْتُ
2. **Mettez les noms entre parenthèses au cas approprié:**

- في (المُعَلِّم) رَأَيْتُ المَدْرَسَةِ
- جَديدٌ (الكِتاب)
- (الكِتاب) في قَرَأْتُ

3. **Corrigez les erreurs de cas dans ces phrases:**

- المَدْرَسَةُ إلى الوَلَدِ ذَهَبَ
- الطّاوِلَةِ على القَلَمُ رَأَيْتُ

Correction

1. Identification des cas :

- الطّالِبُ : nominatif, الدَّرْسَ : accusatif
- صَديقي : génitif, السّوقِ : génitif

2. Noms au cas approprié :

- المَدْرَسَةِ في المُعَلِّمَ رَأَيْتُ
- جَديدٌ الكِتابُ
- الكِتابِ في قَرَأْتُ

3. Phrases corrigées :

- المَدْرَسَةِ إلى الوَلَدُ ذَهَبَ
- الطّاوِلَةِ على القَلَمَ رَأَيْتُ

Ce chapitre vous a présenté les bases des cas grammaticaux en arabe. La maîtrise de ces cas est essentielle pour construire des phrases grammaticalement correctes.

Chapitre 7 : Les prépositions et les compléments circonstanciels

Ce chapitre traite des prépositions en arabe et de leur utilisation pour former des compléments circonstanciels, éléments essentiels pour enrichir les phrases et exprimer des relations spatiales, temporelles et autres.

1. Les prépositions principales

Voici quelques prépositions courantes en arabe :

- **في** (fī) : dans, à
- **على** ('alā) : sur
- **إلى** (ilā) : vers, à
- **مِن** (min) : de, depuis
- **بِـ** (bi) : avec, par
- **لِـ** (li) : pour, à

- عَن ('an) : de, à propos de
- مَع (ma'a) : avec

2. Utilisation des prépositions

Les prépositions sont suivies d'un nom au cas génitif (مَجْرور). Par exemple :

- في المَدْرَسَةِ (fī al-madrasati) : à l'école
- على الطّاوِلَةِ ('alā al-ṭāwilati) : sur la table

3. Compléments circonstanciels

Les compléments circonstanciels (الظَّرْف) donnent des informations sur le lieu, le temps, la manière, etc. Ils sont souvent formés à l'aide de prépositions :

- Lieu : أَدْرُسُ في المَكْتَبَةِ (adrusu fī al-maktabati) - J'étudie dans la bibliothèque
- Temps : سَأُسافِرُ في الصَّيْفِ (sa'usāfiru fī al-ṣayfi) - Je voyagerai en été
- Manière : يَتَكَلَّمُ بِسُرْعَةٍ (yatakallamu bi-sur'atin) - Il parle rapidement

4. Expressions de temps et de lieu sans préposition

Certains compléments de temps et de lieu peuvent être utilisés sans préposition, à l'accusatif :

- أَدْرُسُ صَباحاً (adrusu ṣabāḥan) - J'étudie le matin
- سَأَنْتَظِرُكَ ساعَةً (sa'antaẓiruka sā'atan) - Je t'attendrai une heure

Exercices

1. **Complétez les phrases avec la préposition appropriée:**
   - الطّالِبُ يَذْهَبُ _____ المَدْرَسَةِ كُلَّ يَوْمٍ
   - الكِتابُ _____ الطّاوِلَةِ
   - سافَرْتُ _____ القِطارِ
2. **Traduisez en arabe:**
   - Je travaille dans un bureau

- Il viendra dans deux jours
- Nous marchons lentement

3. **Identifiez les compléments circonstanciels dans ces phrases:**

- الحَديقَةِ في الأَطْفالُ يَلْعَبُ صَباحاً
- بِاهْتِمامٍ الكِتابَ قَرَأْتُ

Correction

1. Prépositions :

- يَذْهَبُ المَدْرَسَةِ **إلى** الطّالِبُ كُلَّ يَوْمٍ
- الطّاوِلَةِ **على** الكِتابُ
- **بِ**القِطارِ سافَرْتُ

2. Traductions :

- مَكْتَبٍ في أَعْمَلُ (a'malu fī maktabin)
- يَوْمَيْنِ بَعْدَ سَيَأْتي (saya'tī ba'da yawmayni)
- بِبُطْءٍ نَمْشي (namshī bi-buṭ'in)

3. Compléments circonstanciels :

- الحَديقَةِ في (lieu), صَباحاً (temps)
- بِاهْتِمامٍ (manière)

Ce chapitre vous a présenté les prépositions et les compléments circonstanciels en arabe. La maîtrise de ces éléments vous permettra d'exprimer des idées plus précises et nuancées.

Chapitre 8 : L'état (الحال) et le spécificatif (التمييز)

Ce chapitre traite de deux concepts grammaticaux importants en arabe : l'état (الحال) et le spécificatif (التمييز). Ces éléments permettent d'apporter des précisions supplémentaires à la phrase.

1. L'état (الحال)

L'état décrit la condition ou la manière dont une action est réalisée. Il répond à la question "comment ?".

Caractéristiques :

- Généralement au cas accusatif (منصوب)
- Souvent indéfini
- S'accorde en genre et en nombre avec le sujet qu'il décrit

Exemple :
دَخَلَ المُعَلِّمُ الفَصْلَ مُبْتَسِماً
(dakhala al-mu'allimu al-faṣla mubtasiman)
Le professeur est entré dans la classe en souriant

2. Le spécificatif (التمييز)

Le spécificatif précise ou clarifie un nom vague ou un nombre. Il répond aux questions "de quoi ?" ou "en quoi ?".

Caractéristiques :

- Toujours au cas accusatif (منصوب)
- Généralement indéfini et singulier

Exemples :
اِشْتَرَيْتُ كيلوغراماً سُكَّراً
(ishtaraytu kīlūghrāman sukkaran)
J'ai acheté un kilogramme de sucre

أَنْتَ أَكْثَرُ مِنّي عِلْماً
(anta aktharu minnī 'ilman)
Tu as plus de connaissances que moi

3. Différences entre l'état et le spécificatif

- L'état décrit une action ou un état, tandis que le spécificatif précise un nom ou un nombre.
- L'état s'accorde avec ce qu'il décrit, le spécificatif est généralement singulier.

Exercices

1. **Identifiez l'état dans ces phrases:**
   - عادَ الطّالِبُ إلى البَيْتِ مُتْعَباً
   - تَكَلَّمَتِ المُعَلِّمَةُ بِصَوْتٍ عالٍ
2. **Ajoutez un spécificatif approprié à ces phrases:**

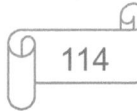

- كوباً شَرِبْتُ _____
- مِنّي أَطْوَلُ هُوَ _____

3. **Traduisez en arabe en utilisant l'état ou le spécificatif selon le cas:**

   - L'enfant dort tranquillement
   - J'ai acheté vingt livres

Correction

1. Identification de l'état :

   - مُتْعَباً (mut'aban) : fatigué
   - عالٍ بِصَوْتٍ (bi-ṣawtin 'ālin) : d'une voix haute (ici, l'état est exprimé par une locution prépositionnelle)

2. Ajout du spécificatif :

   - شَرِبْتُ كوباً **حليباً** (sharibtu kūban ḥalīban) : J'ai bu un verre de lait
   - هُوَ أَطْوَلُ مِنّي **قامَةً** (huwa aṭwalu minnī qāmatan) : Il est plus grand que moi en taille

3. Traductions :

   - يَنامُ الطِّفْلُ هادِئاً (yanāmu al-ṭiflu hādi'an)
   - اِشْتَرَيْتُ عِشْرينَ كِتاباً (ishtaraytu 'ishrīna kitāban)

Ce chapitre vous a présenté l'état et le spécificatif en arabe. La maîtrise de ces concepts vous permettra d'exprimer des idées plus précises et nuancées dans vos phrases.

Chapitre 9 : Les phrases conditionnelles

Ce chapitre traite des phrases conditionnelles en arabe, un élément important pour exprimer des hypothèses et leurs conséquences.

1. Structure de base des phrases conditionnelles

Une phrase conditionnelle en arabe se compose généralement de deux parties :

- La condition (الشَّرْط - al-sharṭ)
- La réponse à la condition (جَواب الشَّرْط - jawāb al-sharṭ)

2. Particules conditionnelles courantes

- إِنْ (in) : si (pour les conditions possibles ou probables)
- إذا (idhā) : si, quand (pour les conditions réelles ou certaines)
- لَوْ (law) : si (pour les conditions irréelles ou impossibles)

3. Types de phrases conditionnelles

a. Conditions réelles

Utilisent généralement إِنْ ou إذا avec des verbes au présent ou au passé.

Exemple :
إِنْ تَدْرُسْ تَنْجَحْ
(in tadrus tanjaḥ)
Si tu étudies, tu réussiras

b. Conditions irréelles

Utilisent généralement لَوْ avec des verbes au passé.

Exemple :
لَوْ كانَ عِنْدي مالٌ لَسافَرْتُ
(law kāna 'indī mālun la-sāfartu)
Si j'avais de l'argent, je voyagerais

4. Utilisation des temps verbaux dans les phrases conditionnelles

- Avec إِنْ, on utilise souvent le présent (المجزوم المضارع) dans les deux parties de la phrase.
- Avec إذا, on utilise généralement le passé dans la condition et le présent ou l'impératif dans la réponse.
- Avec لَوْ, on utilise le passé dans les deux parties,

avec لَـ (la-) introduisant la réponse.

Exercices

1. **Complétez ces phrases conditionnelles:**
   - إنْ تَذْهَبْ إلى السّوقِ، _____
   - لَوْ كُنْتُ غَنِيّاً، _____
   - إذا جاءَ الصَّيْفُ، _____
2. **Traduisez en arabe en utilisant la particule conditionnelle appropriée:**
   - Si tu travailles dur, tu réussiras
   - S'il pleuvait, je resterais à la maison
   - Quand le soleil se lève, les oiseaux chantent
3. **Identifiez le type de condition (réelle ou irréelle) dans ces phrases:**
   - لَوْ كانَ الجَوُّ مُشْمِساً لَخَرَجْنا
   - إنْ تُساعِدْني أُساعِدْكَ

Correction

1. Phrases complétées (exemples) :
   - إنْ تَذْهَبْ إلى السّوقِ، **اشْتَرِ الخُبْزَ** (in tadhhab ilā al-sūqi, ishtari al-khubza)
   - لَوْ كُنْتُ غَنِيّاً، **لَاشْتَرَيْتُ بَيْتاً كَبيراً** (law kuntu ghaniyyan, la-ishtaraytu baytan kabīran)
   - إذا جاءَ الصَّيْفُ، **نَذْهَبُ إلى الشّاطِئِ** (idhā jā'a al-ṣayfu, nadhhabu ilā al-shāṭi'i)
2. Traductions :
   - إنْ تَعْمَلْ بِجِدٍّ تَنْجَحْ (in ta'mal bi-jiddin tanjaḥ)
   - لَوْ كانَ يَمْطُرُ لَبَقيتُ في البَيْتِ (law kāna yamṭuru la-baqītu fī al-bayti)

- تُغَرِّدُ الشَّمْسُ طَلَعَتِ إذا العَصافيرُ (idhā ṭala'ati al-shamsu tugharridu al-'aṣāfīru)

3. Types de conditions :

- لَخَرَجْنا مُشْمِساً الجَوُّ كانَ لَوْ : Condition irréelle
- أُساعِدْكَ تُساعِدْني إنْ : Condition réelle

Ce chapitre vous a présenté les bases des phrases conditionnelles en arabe. La maîtrise de ces structures vous permettra d'exprimer des hypothèses et leurs conséquences de manière précise.

Chapitre 10 : Les formes dérivées du verbe

Ce dernier chapitre traite des formes dérivées du verbe en arabe, un aspect essentiel de la morphologie verbale qui permet d'enrichir le sens des verbes de base.

1. Concept des formes dérivées

En arabe, à partir d'une racine verbale (généralement trilitère), on peut dériver différentes formes qui modifient ou enrichissent le sens original du verbe.

2. Les dix formes dérivées principales

Voici les dix formes les plus courantes, avec la forme I (forme de base) pour comparaison :

1. Forme I : فَعَلَ (fa'ala) - forme de base
2. Forme II : فَعَّلَ (fa''ala) - intensité ou causativité
3. Forme III : فاعَلَ (fā'ala) - réciprocité ou effort
4. Forme IV : أَفْعَلَ (af'ala) - causativité ou transitivité
5. Forme V : تَفَعَّلَ (tafa''ala) - réflexivité de la forme II
6. Forme VI : تَفاعَلَ (tafā'ala) - réciprocité ou progressivité
7. Forme VII : اِنْفَعَلَ (infa'ala) - passivité ou réflexivité

8. Forme VIII : اِفْتَعَلَ (ifta'ala) - réflexivité ou effort personnel

9. Forme IX : اِفْعَلَّ (if'alla) - couleurs ou défauts physiques

10. Forme X : اِسْتَفْعَلَ (istaf'ala) - demande ou considération

3. Exemples avec la racine ك-ت-ب (k-t-b) liée à l'écriture

- Forme I : كَتَبَ (kataba) - écrire
- Forme II : كَتَّبَ (kattaba) - faire écrire
- Forme III : كاتَبَ (kātaba) - correspondre avec
- Forme IV : أَكْتَبَ (aktaba) - dicter
- Forme V : تَكَتَّبَ (takattaba) - être écrit
- Forme VI : تَكاتَبَ (takātaba) - s'écrire mutuellement
- Forme VII : اِنْكَتَبَ (inkataba) - être inscrit
- Forme VIII : اِكْتَتَبَ (iktataba) - s'inscrire
- Forme X : اِسْتَكْتَبَ (istaktaba) - demander d'écrire

4. Importance des formes dérivées

La maîtrise des formes dérivées permet :

- D'enrichir son vocabulaire
- De nuancer le sens des verbes
- De mieux comprendre les subtilités de la langue arabe

Exercices

1. **Identifiez la forme verbale de ces verbes:**
    - تَعَلَّمَ (ta'allama)
    - أَدْخَلَ (adkhala)
    - اِسْتَخْدَمَ (istakhdama)
2. **Donnez la forme II et la forme IV de ces verbes:**
    - خَرَجَ (kharaja) - sortir
    - فَهِمَ (fahima) - comprendre

3. **Traduisez en arabe en utilisant la forme appropriée:**

   - Ils se sont rencontrés (utiliser la racine ق-ب-ل)
   - Le livre a été ouvert (utiliser la racine ف-ت-ح)

Correction

1. Identification des formes :

   - تَعَلَّمَ : Forme V
   - أَدْخَلَ : Forme IV
   - إِسْتَخْدَمَ : Forme X

2. Formes II et IV :

   - خَرَجَ :
     Forme II : خَرَّجَ (kharraja) - faire sortir
     Forme IV : أَخْرَجَ (akhraja) - faire sortir, expulser
   - فَهِمَ :
     Forme II : فَهَّمَ (fahhama) - faire comprendre
     Forme IV : أَفْهَمَ (afhama) - faire comprendre

3. Traductions :

   - Ils se sont rencontrés : تَقابَلوا (taqābalū) - Forme VI
   - Le livre a été ouvert : الكِتابُ إِنْفَتَحَ (infataḥa al-kitābu) - Forme VII

Ce chapitre final vous a présenté les formes dérivées du verbe en arabe. La maîtrise de ces formes est essentielle pour une compréhension approfondie de la langue arabe et pour enrichir votre expression.

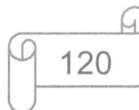

Partie III : La prononciation et la phonétique arabe

Cette partie est dédiée à l'amélioration de votre prononciation et de votre compréhension des sons arabes spécifiques. Vous apprendrez à distinguer et reproduire les lettres emphatiques, gutturales, longues et courtes, tout en maîtrisant l'accent tonique et les liaisons. Avec des exercices pratiques, cette section vous permettra de parler arabe avec plus de précision et de confiance.

Chapitre 1 : Introduction à la phonétique arabe

Ce premier chapitre vise à vous familiariser avec les bases de la phonétique arabe et à vous préparer pour une prononciation correcte des sons de la langue.

1. L'alphabet phonétique arabe

L'arabe possède 28 consonnes et 3 voyelles de base. Voici un aperçu des sons consonantiques, classés selon leur point d'articulation :

- Labiales : ب (b), م (m), و (w)
- Dentales : ت (t), د (d), ط (ṭ), ض (ḍ)
- Sifflantes : س (s), ز (z), ص (ṣ)
- Interdentales : ث (th), ذ (dh), ظ (ẓ)
- Palatales : ج (j), ش (sh)
- Vélaires : ك (k), غ (gh), خ (kh)
- Uvulaires : ق (q)
- Pharyngales : ح (ḥ), ع (')
- Laryngales : ء ('), ه (h)

2. Les voyelles en arabe

L'arabe possède trois voyelles de base, chacune ayant une forme courte et une forme longue :

- a (courte) / ā (longue)
- i (courte) / ī (longue)
- u (courte) / ū (longue)

3. L'importance de la prononciation en arabe

Une bonne prononciation est cruciale en arabe pour plusieurs raisons :

- Certains sons sont très proches et peuvent changer le sens d'un mot s'ils sont mal prononcés.
- La prononciation correcte facilite la communication et la compréhension.
- Elle aide à mieux comprendre la structure des mots et la grammaire.

4. Conseils pour améliorer votre prononciation

- Écoutez attentivement des locuteurs natifs.
- Pratiquez régulièrement, même si c'est juste quelques minutes par jour.
- Enregistrez-vous et comparez votre prononciation à celle des natifs.
- N'ayez pas peur de faire des erreurs, c'est en pratiquant que vous vous améliorerez.

Exercices pratiques

1. **Écoutez et répétez** : Trouvez des enregistrements audio de l'alphabet arabe et répétez chaque lettre après l'avoir entendue.
2. **Discrimination auditive** : Écoutez des paires de mots qui ne diffèrent que par un son (comme سَلام "salām" - paix et ظَلام "ẓalām" - obscurité) et essayez de les distinguer.
3. **Prononciation des voyelles** : Pratiquez la différence entre les voyelles courtes et longues avec ces paires de mots :
   - سَمَك (samak - poisson) / سامَك (sāmak - il t'a élevé)
   - عِلم ('ilm - science) / عَليم ('alīm - savant)

- حُبّ (ḥubb - amour) / حوب (ḥūb - péché)

4. **Exercice de respiration** : Certains sons arabes nécessitent un bon contrôle du souffle. Pratiquez la respiration abdominale et essayez de produire des sons continus comme "س" (s) ou "ش" (sh) pendant aussi longtemps que possible.

Ce chapitre vous a fourni une introduction à la phonétique arabe.

Chapitre 2 : Les consonnes emphatiques et gutturales

Ce chapitre se concentre sur deux groupes de consonnes qui sont souvent difficiles pour les apprenants non-arabophones : les consonnes emphatiques et les consonnes gutturales.

1. Les consonnes emphatiques

Les consonnes emphatiques sont une caractéristique distinctive de l'arabe. Elles sont produites avec une constriction supplémentaire dans la gorge, ce qui leur donne un son plus "lourd" ou "profond".

Les principales consonnes emphatiques sont :

- ص (ṣād) : version emphatique de س (sīn)
- ض (ḍād) : version emphatique de د (dāl)
- ط (ṭā') : version emphatique de ت (tā')
- ظ (ẓā') : version emphatique de ذ (dhāl)

Conseil pratique : Pour prononcer ces sons, essayez d'abaisser le fond de votre langue tout en produisant le son correspondant non emphatique.

2. Les consonnes gutturales

Les consonnes gutturales sont produites dans la partie arrière de la bouche ou dans la gorge. Elles incluent :

- ح (ḥā') : consonne fricative pharyngale sourde

- ع ('ayn) : consonne fricative pharyngale sonore

- غ (ghayn) : consonne fricative vélaire sonore

- خ (khā') : consonne fricative vélaire sourde

- ق (qāf) : consonne occlusive uvulaire sourde

Conseil pratique : Pour les sons ح et ع, imaginez que vous essayez de faire de la buée sur un miroir, mais avec la gorge plutôt qu'avec la bouche.

3. Exercices pratiques

1. **Paires minimales** : Pratiquez la différence entre les consonnes emphatiques et non emphatiques :

   - سار (sāra - il a marché) / صار (ṣāra - il est devenu)

   - تين (tīn - figues) / طين (ṭīn - boue)

   - دل (dalla - il a indiqué) / ضل (ḍalla - il s'est égaré)

2. **Chaîne de mots gutturaux** : Prononcez cette séquence de mots contenant des consonnes gutturales : حَقّ ('droit') - عَقْل ('esprit') - غَريب ('étrange') - خَبَر ('nouvelle') - قَلَم ('stylo')

3. **Tongue-twisters** : Essayez ces virelangues arabes pour pratiquer les sons difficiles :

   - خَمْسُ خُضَرٍ خَشِنَةٍ (khamsu khuḍarin khashinatin - Cinq légumes rugueux)

   - صَبْرُ الصَّبَّارِ صَعْبٌ (ṣabru al-ṣabbāri ṣa'bun - La patience du patient est difficile)

4. **Exercice d'écoute et de répétition** : Écoutez des enregistrements de mots contenant ces sons et répétez-les en vous concentrant sur la prononciation correcte.

4. Astuces pour améliorer votre prononciation

- Pratiquez devant un miroir pour observer les mouvements de votre bouche et de votre gorge.
- Utilisez des applications de prononciation qui montrent des diagrammes de la position de la langue et des lèvres.
- Écoutez régulièrement des locuteurs natifs et essayez d'imiter leur prononciation.
- N'hésitez pas à exagérer les sons au début pour bien sentir la différence entre les consonnes emphatiques et non emphatiques.

La maîtrise des consonnes emphatiques et gutturales est un défi important dans l'apprentissage de l'arabe, mais c'est aussi ce qui donne à la langue sa sonorité unique. Avec de la pratique régulière et de la patience, vous serez capable de les prononcer correctement et d'améliorer significativement votre accent arabe.

Chapitre 3 : Les voyelles longues et courtes, et les diphtongues

Ce chapitre se concentre sur le système vocalique de l'arabe, en particulier sur la distinction entre les voyelles longues et courtes, ainsi que sur les diphtongues.

1. Les voyelles courtes

L'arabe possède trois voyelles courtes de base :

- فَتحة (fatḥa) : son "a" bref, représenté par un petit trait au-dessus de la consonne (َ)
- كَسرة (kasra) : son "i" bref, représenté par un petit trait en-dessous de la consonne (ِ)
- ضَمّة (ḍamma) : son "ou" bref, représenté par un petit crochet au-dessus de la consonne (ُ)

Conseil pratique : Les voyelles courtes sont souvent omises dans l'écriture arabe courante, mais il est crucial de les maîtriser pour une prononciation correcte.

2. Les voyelles longues

Les voyelles longues sont formées en combinant une voyelle courte avec une lettre de prolongation :

- ا (alif) : pour le son "ā" long
- ي (yā') : pour le son "ī" long
- و (wāw) : pour le son "ū" long

Exemples :

- كَتَبَ (kataba - il a écrit) vs. كاتِب (kātib - écrivain)
- عِلم ('ilm - science) vs. عَليم ('alīm - savant)
- دُبّ (dubb - ours) vs. دور (dūr - rôle)

3. Les diphtongues

L'arabe classique comporte deux diphtongues principales :

- اي (ay) : comme dans بَيت (bayt - maison)
- او (aw) : comme dans لَون (lawn - couleur)

4. Exercices pratiques

1. **Discrimination auditive** : Écoutez et identifiez si la voyelle est longue ou courte dans ces paires de mots :
   - سَمَك (samak - poisson) / سامَك (sāmak - il t'a élevé)
   - جَمَل (jamal - chameau) / جَمال (jamāl - beauté)
   - مُدُن (mudun - villes) / مُدون (mudūn - bloggers)
2. **Lecture à haute voix** : Lisez ce court texte en prêtant attention aux voyelles longues et courtes : كانَ الرَّجُلُ يَسيرُ في الشّارِعِ عِندَما رَأى صَديقَهُ القَديمَ (kāna al-rajulu yasīru fī al-shāri'i 'indamā ra'ā ṣadīqahu

al-qadīma)
L'homme marchait dans la rue quand il a vu son vieil ami.

3. **Production de diphtongues** : Pratiquez la prononciation de ces mots contenant des diphtongues :

   - خَوف (khawf - peur)
   - عَين ('ayn - œil)
   - صَيف (ṣayf - été)
   - يَوم (yawm - jour)

4. **Exercice d'écriture** : Écrivez les mots suivants en arabe, en indiquant clairement les voyelles longues et courtes :

   - kitāb (livre)
   - madīna (ville)
   - ṣūra (image)

5. Astuces pour améliorer votre prononciation

- Pratiquez l'allongement des voyelles longues. Essayez de les tenir pendant environ deux fois la durée d'une voyelle courte.
- Utilisez des gestes de la main pour visualiser la différence entre les voyelles courtes (geste bref) et longues (geste prolongé).
- Écoutez des chansons arabes et prêtez attention à la manière dont les chanteurs allongent certaines voyelles.
- Enregistrez-vous en lisant des textes avec des voyelles marquées et comparez votre prononciation à celle d'un locuteur natif.

La maîtrise des voyelles longues et courtes, ainsi que des diphtongues, est essentielle pour une prononciation arabe authentique. Ces distinctions peuvent sembler subtiles au début, mais avec de la pratique régulière, vous développerez une oreille fine pour ces nuances et améliorerez considérablement votre prononciation et votre compréhension de l'arabe.

Chapitre 4 : L'accent tonique et le rythme en arabe

Ce chapitre se concentre sur l'accent tonique et le rythme de la langue arabe, des aspects cruciaux pour une prononciation naturelle et fluide.

1. L'accent tonique en arabe

Contrairement à certaines langues, l'accent tonique en arabe suit des règles relativement prévisibles :

- Dans les mots de deux syllabes, l'accent est généralement sur la première syllabe.
- Dans les mots de trois syllabes ou plus, l'accent est généralement sur l'avant-dernière syllabe si elle est longue, sinon sur l'antépénultième.

Exemples :

- كِتاب (ki-TĀB - livre)
- مَدْرَسة (MAD-ra-sa - école)
- مُسْتَشْفى (mus-TASH-fa - hôpital)

Conseil pratique : Une syllabe longue contient une voyelle longue ou une voyelle courte suivie de deux consonnes.

2. Le rythme en arabe

Le rythme arabe est caractérisé par une alternance de syllabes accentuées et non accentuées. Ce rythme donne à l'arabe sa musicalité distinctive.

Caractéristiques du rythme arabe :

- Tendance à l'isochronie syllabique (chaque syllabe a tendance à avoir une durée similaire)
- Importance des pauses entre les groupes de mots
- Influence de la prosodie sur le sens et l'emphase

3. L'intonation

L'intonation en arabe joue un rôle important dans la transmission du sens et de l'émotion :

- Les phrases déclaratives ont généralement une intonation descendante à la fin.
- Les questions fermées (oui/non) ont souvent une intonation montante.
- Les questions ouvertes ont tendance à avoir une intonation descendante.

4. Exercices pratiques

1. **Identification de l'accent** : Écoutez ces mots et identifiez la syllabe accentuée :
   - مُعَلِّم (mu'allim - enseignant)
   - مُسافِر (musāfir - voyageur)
   - مَكْتَبَة (maktaba - bibliothèque)
2. **Lecture rythmique** : Lisez ce court texte en prêtant attention au rythme et à l'accent : عَنِ كِتاباً لِيَقْرَأَ المَكْتَبَةِ إلى الطّالِبُ ذَهَبَ التّاريخِ (dhahaba al-ṭālibu ilā al-maktabati li-yaqra'a kitāban 'ani al-tārīkhi) L'étudiant est allé à la bibliothèque pour lire un livre d'histoire.
3. **Exercice d'intonation** : Pratiquez ces phrases avec l'intonation appropriée :
   - طالِبٌ؟ أَنْتَ هَلْ (hal anta ṭālibun?) - Es-tu un étudiant ? (question fermée)
   - ماذا تَدْرُسُ؟ (mādhā tadrusu?) - Qu'étudies-tu ? (question ouverte)

     ◌َ

     نا أَدْرُسُ اللُّغَةَ العَرَبِيَّةَ. (anā adrusu al-lughata al-'arabiyyata.) - J'étudie la langue arabe. (déclarative)
4. **Jeu de rôle** : Avec un partenaire, créez un court dialogue en arabe.

Concentrez-vous sur l'accent, le rythme et l'intonation naturels.

5. Astuces pour améliorer votre accent et votre rythme

- Écoutez régulièrement des conversations en arabe, même si vous ne comprenez pas tout. Concentrez-vous sur le rythme et l'intonation.
- Pratiquez la lecture à haute voix de textes arabes, en exagérant d'abord l'accent et le rythme pour les intérioriser.
- Enregistrez-vous en lisant ou en parlant en arabe, puis comparez avec un locuteur natif.
- Utilisez des applications de prononciation qui vous permettent de visualiser les courbes d'intonation.

L'accent tonique et le rythme sont des éléments essentiels pour parler un arabe naturel et fluide. Bien qu'ils puissent sembler difficiles au début, avec une pratique régulière et une écoute attentive, vous développerez progressivement un "sens" naturel du rythme et de l'intonation arabes. Ces compétences amélioreront non seulement votre prononciation, mais rendront également votre arabe plus agréable et plus facile à comprendre pour les locuteurs natifs.

Chapitre 5 : Les assimilations et les liaisons en arabe

Ce chapitre final de la section phonétique se concentre sur les assimilations et les liaisons en arabe, des phénomènes phonétiques qui contribuent à la fluidité et à l'authenticité de la prononciation.

1. Les assimilations

L'assimilation est un processus phonétique où un son est influencé par un son adjacent, devenant plus similaire ou identique à ce dernier.

Types d'assimilation courants en arabe :

a) Assimilation de l'article défini ال (al-) :

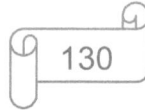

- Devant les lettres solaires, le "l" de l'article s'assimile au son qui suit. Exemple : الشَّمْس (al-shams → ash-shams) - le soleil

b) Assimilation du ن (nūn) à la fin des mots :

- Devant certaines lettres, le ن final peut s'assimiler. Exemple : مِن بَعْد (min ba'd → mim ba'd) - après

2. Les liaisons

Les liaisons en arabe concernent principalement la connexion entre les mots, en particulier avec les particules et les prépositions.

Exemples de liaisons courantes :

- وَ (wa - et) + mot commençant par الـ (al-) : وَالكِتَاب (wa-al-kitāb → wal-kitāb) - et le livre
- فِي (fī - dans) + mot avec hamza initiale : فِي أَمْرِيكا (fī amrīkā → fī 'amrīkā) - en Amérique

3. Le phénomène de l'élision

L'élision est la suppression d'un son, souvent pour faciliter la prononciation.

Exemple courant :

- Élision de la hamza dans certains mots fréquents : هَذا (hādhā) souvent prononcé hāda en langage parlé

4. Exercices pratiques

1. **Pratique de l'assimilation** : Lisez ces phrases en prêtant attention aux assimilations :
   - الرَّجُلُ يَذْهَبُ إلى السّوقِ (al-rajulu yadhhabu ilā al-sūqi) L'homme va au marché
   - شَمْسُ النَّهارِ مُشْرِقَةٌ (shamsu al-nahāri mushriqatun) Le soleil du jour est brillant
2. **Liaisons** : Pratiquez ces expressions courantes avec des liaisons :

- بِسْمِ اللهِ (bismi-llāhi) - Au nom de Dieu
- فِي اليَوْمِ (fī-l-yawmi) - Dans le jour

3. **Dialogue fluide** : Avec un partenaire, lisez ce dialogue en vous concentrant sur les assimilations et les liaisons :

اللهِ وَرَحْمَةُ عَلَيْكُم السَّلامُ :أ
كَ؟ُحال كَيْفَ .وَبَرَكاتُهُ السَّلامُ وَعَلَيْكُمُ :ب
وَأَنْتَ؟ .بِخَيْرٍ ،لِلّهِ الحَمْدُ :أ
اليَوْمَ؟ العَمَلِ إلى تَذْهَبُ هَلْ .شُكْراً ،بِخَيْرٍ :ب
.اللهُ شاءَ إنْ سَاعَةٍ بَعْدَ سَأَذْهَبُ ،نَعَم :أ

4. **Écoute et répétition** : Écoutez un enregistrement d'un locuteur natif lisant un texte arabe. Concentrez-vous sur les assimilations et les liaisons, puis essayez de répéter en imitant ces aspects de la prononciation.

5. Astuces pour améliorer votre prononciation

- Pratiquez régulièrement la lecture à haute voix, en vous concentrant sur la fluidité et les connexions entre les mots.
- Écoutez attentivement les locuteurs natifs et notez comment ils lient les mots dans la parole naturelle.
- N'hésitez pas à exagérer les assimilations et les liaisons au début pour bien les intégrer.
- Enregistrez-vous en lisant des textes arabes et comparez votre prononciation à celle des locuteurs natifs.

Les assimilations et les liaisons sont des aspects subtils mais essentiels de la prononciation arabe. Elles contribuent grandement à la fluidité et à l'authenticité de votre parole. En maîtrisant ces aspects, vous ferez un grand pas vers une prononciation plus naturelle et plus proche de celle des locuteurs natifs. Continuez à pratiquer régulièrement et n'oubliez pas que l'amélioration de la prononciation est un processus graduel qui demande de la patience et de la persévérance.

Partie IV : Courtes histoires amusantes et éducatives

Dans cette section, vous découvrirez une série de 10 histoires courtes progressives en arabe, accompagnées de leur traduction en français. Ces récits amusants et éducatifs sont conçus pour enrichir votre vocabulaire, renforcer votre compréhension écrite et vous familiariser avec des structures linguistiques variées. Chaque histoire est suivie d'un glossaire bilingue et d'exercices pour consolider vos acquis.

الصغيرة القطة :الأول الفصل

اسمها .جميل بيت في تعيش صغيرة قطة هناك كانت
،الأيام من يوم في .كثيراً اللعب تحب ميمي .ميمي
.بالكرة وأمسكت ميمي قفزت .حمراء كرة ميمي رأت
نامت ،المساء في .اليوم طوال بالكرة ميمي لعبت
.جداً سعيدة ميمي كانت .الكرة بجانب ميمي

Chapitre 1 : Le petit chat

Il y avait un petit chat qui vivait dans une belle maison. Son nom était Mimi. Mimi aimait beaucoup jouer. Un jour, Mimi vit une balle rouge. Mimi sauta et attrapa la balle. Mimi joua avec la balle toute la journée. Le soir, Mimi s'endormit à côté de la balle. Mimi était très heureuse.

Glossaire bilingue :

- قطة (qiṭṭa) : chat
- صغيرة (ṣaghīra) : petite
- بيت (bayt) : maison
- جميل (jamīl) : beau
- اللعب (al-la'ib) : jouer
- كرة (kura) : balle
- حمراء (ḥamrā') : rouge
- قفزت (qafazat) : elle a sauté
- أمسكت (amsakat) : elle a attrapé

- نامت (nāmat) : elle a dormi
- سعيدة (sa'īda) : heureuse

Exercice de compréhension :

1. Quel est le nom du chat ?
2. De quelle couleur est la balle ?
3. Que fait Mimi avec la balle ?
4. Où dort Mimi à la fin de l'histoire ?

Corrections :

1. Le nom du chat est Mimi.
2. La balle est rouge.
3. Mimi joue avec la balle toute la journée.
4. Mimi dort à côté de la balle.

والشجرة الولد :الثاني الفصل

الطبيعة يحب سامي كان .سامي اسمه ولد هناك كان .الحديقة إلى سامي ذهب ،جميل ربيعي يوم في .كثيراً بذرة يزرع أن سامي قرر .وقديمة كبيرة شجرة رأى .البذرة لسقي يأتي كان ،يوم كل .الكبيرة الشجرة بجانب سامي فرح .تنمو البذرة وبدأت ،والأسابيع الأيام مرت يوماً" :سامي قال .الصغيرة الشجرة رأى عندما كثيراً ".صديقتها مثل كبيرة الشجرة هذه ستصبح ،ما

Chapitre 2 : Le garçon et l'arbre

Il y avait un garçon nommé Sami. Sami aimait beaucoup la nature. Un beau jour de printemps, Sami alla au jardin. Il vit un grand et vieil arbre. Sami décida de planter une graine à côté du grand arbre. Chaque jour, il venait arroser la graine. Les jours et les semaines passèrent, et la graine commença à pousser. Sami était très heureux quand il vit le petit arbre. Sami dit : "Un jour, cet arbre deviendra grand comme son ami."

Glossaire bilingue :

- ولد (walad) : garçon
- شجرة (shajara) : arbre
- الطبيعة (al-ṭabī'a) : nature
- ربيعي (rabī'ī) : printanier
- الحديقة (al-ḥadīqa) : jardin
- بذرة (bidhra) : graine
- يزرع (yazra') : planter
- يسقي (yasqī) : arroser

- تنمو (tanmū) : pousser, grandir
- صديقة (ṣadīqa) : amie (féminin)

Exercice de compréhension :

1. Comment s'appelle le garçon dans l'histoire ?
2. Où va Sami un jour de printemps ?
3. Que fait Sami à côté du grand arbre ?
4. Que fait Sami chaque jour après avoir planté la graine ?

Corrections :

1. Le garçon s'appelle Sami.
2. Sami va au jardin.
3. Sami plante une graine à côté du grand arbre.
4. Sami vient arroser la graine chaque jour.

السوق إلى رحلة :الثالث الفصل

.السبت يوم السوق إلى الذهاب أحمد عائلة قررت
ثم معاً الفطور تناولوا .مبكراً سارة وأخته أحمد استيقظ
الفواكه من الكثير أحمد رأى ،السوق في .السيارة ركبوا
التفاح بعض الأب اشترى .الملونة والخضروات
أحمد أراد .والخيار الطماطم الأم اختارت بينما ،والموز
فاكهة يختار أن له قالت والدته لكن ،الشوكولاتة شراء
البرتقال أحمد اشترى ،النهاية في .ذلك من بدلاً صحية
المنزل إلى العائلة عادت .بالفراولة سعيدة سارة وكانت
.الممتعة رحلتهم عن بالرضا يشعرون وهم

Chapitre 3 : Une sortie au marché

La famille d'Ahmed décida d'aller au marché le samedi. Ahmed et sa sœur Sara se réveillèrent tôt. Ils prirent le petit-déjeuner ensemble puis montèrent dans la voiture. Au marché, Ahmed vit beaucoup de fruits et légumes colorés. Le père acheta des pommes et des bananes, tandis que la mère choisit des tomates et des concombres. Ahmed voulait acheter du chocolat, mais sa mère lui dit de choisir un fruit sain à la place. Finalement, Ahmed acheta des oranges et Sara était contente avec les fraises. La famille rentra à la maison satisfaite de leur agréable sortie.

Glossaire bilingue :

- رحلة (riḥla) : sortie, voyage
- السوق (al-sūq) : le marché
- عائلة ('ā'ila) : famille
- استيقظ (istayqaẓa) : se réveiller
- الفطور (al-fuṭūr) : le petit-déjeuner
- السيارة (al-sayyāra) : la voiture
- الفواكه (al-fawākih) : les fruits
- الخضروات (al-khuḍrawāt) : les légumes
- اشترى (ishtarā) : acheter
- صحية (ṣiḥḥiyya) : saine

Exercice de compréhension :

1. Quel jour la famille va-t-elle au marché ?
2. Que veut acheter Ahmed au début ?
3. Que choisit la mère au marché ?
4. Quel fruit Ahmed achète-t-il finalement ?

Corrections :

1. La famille va au marché le samedi.
2. Ahmed veut acheter du chocolat au début.
3. La mère choisit des tomates et des concombres.
4. Ahmed achète finalement des oranges.

المدرسة في يوم :الرابع الفصل

دخل .صباحاً الثامنة الساعة في المدرسة جرس دقّ المعلمة بدأت .أماكنهم في وجلسوا الفصل إلى التلاميذ على كتبت .العربية اللغة وهو الأول الدرس فاطمة هناك كان ،ذلك بعد .الجديدة القواعد وشرحت السبورة المسائل بعض التلاميذ حل .الرياضيات في درس القدم كرة الأولاد لعب ،الاستراحة وقت في .الحسابية في .المفضلة كتبهن عن البنات تحدثت بينما الملعب في المنزلي الواجب فاطمة المعلمة أعطت ،اليوم نهاية بالسعادة يشعرون وهم المدرسة الجميع غادر .للتلاميذ اليوم تعلموه لما.

Chapitre 4 : Une journée à l'école

La cloche de l'école sonna à huit heures du matin. Les élèves entrèrent dans la classe et s'assirent à leurs places. L'enseignante Fatima commença le premier cours, qui était l'arabe. Elle écrivit au tableau et expliqua les nouvelles règles. Ensuite, il y eut un cours de mathématiques. Les élèves résolurent quelques problèmes arithmétiques. Pendant la pause, les garçons jouèrent au football sur le terrain tandis que les filles parlaient de leurs livres préférés. À la fin de la journée, l'enseignante Fatima donna aux élèves leurs devoirs. Tout le monde quitta l'école, heureux de ce qu'ils avaient appris aujourd'hui.

Glossaire bilingue :

- جرس (jaras) : cloche
- التلاميذ (al-talāmīdh) : les élèves
- الفصل (al-faṣl) : la classe
- المعلمة (al-mu'allima) : l'enseignante
- السبورة (al-sabbūra) : le tableau
- الرياضيات (al-riyāḍiyyāt) : les mathématiques
- الاستراحة (al-istirāḥa) : la pause
- الملعب (al-mal'ab) : le terrain de jeu
- الواجب المنزلي (al-wājib al-manzilī) : les devoirs
- غادر (ghādara) : quitter

Exercice de compréhension :

1. À quelle heure commence la journée d'école ?
2. Quel est le premier cours de la journée ?
3. Que font les garçons pendant la pause ?
4. Que fait l'enseignante Fatima à la fin de la journée ?

Corrections :

1. La journée d'école commence à huit heures du matin.

2. Le premier cours de la journée est l'arabe.
3. Les garçons jouent au football pendant la pause.
4. À la fin de la journée, l'enseignante Fatima donne aux élèves leurs devoirs.

الميلاد عيد حفلة :الخامس الفصل

حفلة تنظيم أمها قررت .الثامن ليلى ميلاد عيد كان يوم في .وأقاربها ليلى أصدقاء الأم دعت .لها مفاجأة ،الوقت هذا في .الحديقة إلى أبيها مع ليلى ذهبت ،الحفلة عندما .الملونة والأشرطة بالبالونات المنزل الأم زينت .ينتظرونها أحبائها جميع برؤية فوجئت ،ليلى عادت هناك كانت "!ليلى يا سعيد ميلاد عيد" :الجميع هتف الشمعات ليلى أطفأت .شمعات ثماني مع كبيرة كعكة دمية ،قصص كتاب :الهدايا فتحت ثم .أمنية وتمنت ليلى شكرت ،الحفلة نهاية في .جديدة وألوان ،جميلة على لها ميلاد عيد أفضل كان إنه وقالت الجميع .الإطلاق

Chapitre 5 : La fête d'anniversaire

C'était le huitième anniversaire de Leila. Sa mère décida d'organiser une fête surprise pour elle. La mère invita les amis et la famille de Leila. Le jour de la fête, Leila alla au parc avec son père. Pendant ce temps, la mère décora la maison avec des ballons et des rubans colorés. Quand Leila revint, elle fut surprise de voir tous ses proches qui l'attendaient. Tout le monde s'écria : "Joyeux anniversaire Leila !" Il y avait un grand gâteau avec huit bougies. Leila souffla les bougies et fit un vœu. Puis elle ouvrit les cadeaux : un livre d'histoires, une jolie poupée et de nouvelles couleurs. À la fin de la fête, Leila remercia tout le monde et dit que c'était son meilleur anniversaire jamais.

Glossaire bilingue :

- عيد الميلاد ('īd al-mīlād) : anniversaire
- حفلة (ḥafla) : fête
- مفاجأة (mufāja'a) : surprise
- أصدقاء (aṣdiqā') : amis
- أقارب (aqārib) : famille, proches
- البالونات (al-bālūnāt) : ballons
- الأشرطة (al-ashriṭa) : rubans
- كعكة (ka'ka) : gâteau

- شمعات (shama'āt) : bougies
- هدايا (hadāyā) : cadeaux

Exercice de compréhension :

1. Quel âge a Leila pour son anniversaire ?
2. Où va Leila avec son père le jour de la fête ?
3. Combien de bougies y a-t-il sur le gâteau ?
4. Citez deux cadeaux que Leila a reçus.

Corrections :

1. Leila a huit ans pour son anniversaire.
2. Leila va au parc avec son père.
3. Il y a huit bougies sur le gâteau.
4. Leila a reçu un livre d'histoires, une jolie poupée et de nouvelles couleurs. (Deux parmi ces trois sont correctes)

الحيوانات حديقة إلى رحلة :السادس الفصل

حديقة زيارة عمر عائلة قررت ،عطلة يوم في
مليئة نزهة سلة وأعدوا باكراً استيقظوا .الحيوانات
.ودخلوا التذاكر الأب اشترى ،وصولهم عند .بالطعام
ثم .الكبيرة أقفاصها في تتجول الأسود شاهدوا ،أولاً
كان .وتتأرجح تقفز القردة رأوا حيث القردة بيت زاروا
الماء ترش الضخمة الفيلة برؤية مسروراً عمر
بألوان استمتعوا ،الطيور قسم في .بخراطيمها
بحيرة قرب الغداء لتناول توقفوا .الزاهية الببغاوات
أطعم حيث الزرافات حظيرة زاروا ،النهاية في .البط
،سعداء لكن متعبين المنزل إلى عادوا .بيده زرافة عمر
.قريباً أخرى مرة الحديقة بزيارة يحلم وعمر

Chapitre 6 : Une excursion au zoo

Un jour de congé, la famille d'Omar décida de visiter le zoo. Ils se levèrent tôt et préparèrent un panier-repas plein de nourriture. À leur arrivée, le père acheta les billets et ils entrèrent. D'abord, ils observèrent les lions se promener dans leurs grandes cages. Puis ils visitèrent la maison des singes où ils virent les singes sauter et se balancer. Omar était ravi de voir les énormes éléphants asperger de l'eau avec leurs trompes. Dans la section des oiseaux, ils admirèrent les couleurs vives des perroquets. Ils s'arrêtèrent pour déjeuner près de l'étang aux canards. Enfin, ils visitèrent l'enclos des girafes où Omar nourrit une girafe de sa main. Ils rentrèrent à la maison fatigués mais heureux, et Omar rêvait déjà de revenir bientôt au zoo.

Glossaire bilingue :

- الحيوانات حديقة (ḥadīqat al-ḥayawānāt) : zoo
- نزهة سلة (sallat nuzha) : panier-repas
- تذاكر (tadhākir) : billets
- الأسود (al-usūd) : lions
- القردة (al-qirda) : singes
- الفيلة (al-fīla) : éléphants
- خراطيم (kharāṭīm) : trompes
- الببغاوات (al-babbaghāwāt) : perroquets
- بحيرة (buḥayra) : étang
- الزرافات (al-zarāfāt) : girafes

Exercice de compréhension :

1. Qu'est-ce que la famille a préparé avant de partir ?
2. Quel animal Omar a-t-il particulièrement aimé voir asperger de l'eau ?
3. Où la famille s'est-elle arrêtée pour déjeuner ?
4. Quel animal Omar a-t-il nourri de sa main ?

Corrections :

1. La famille a préparé un panier-repas plein de nourriture.
2. Omar a particulièrement aimé voir les éléphants asperger de l'eau.
3. La famille s'est arrêtée pour déjeuner près de l'étang aux canards.
4. Omar a nourri une girafe de sa main.

المكتبة في مغامرة :السابع الفصل

ذهبت ،السبت يوم في .كثيراً القراءة تحب سارة كانت ،جداً كبيرة المكتبة كانت .العامة المكتبة إلى جدتها مع الجدة قالت .الملونة والكتب العالية بالرفوف مليئة: سارة بدأت ".لنستعيرها كتب ثلاثة اختيار يمكنك"

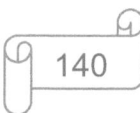

وآخر ،الفضاء عن كتاباً وجدت .الرفوف بين تتجول
.غريباً صوتاً سمعت ،فجأة .الأليفة الحيوانات عن
،هناك .القصص ركن إلى وصلت حتى الصوت اتبعت
يرويها قصة إلى يستمعون الأطفال من مجموعة رأت
بالقصة واستمتعت إليهم سارة انضمت .الموظفين أحد
القصص من ثالثاً كتاباً سارة اختارت ،النهاية في .كثيراً
وسارة ،المنزل إلى وجدتها سارة عادت .سمعتها التي
.الجديدة كتبها لقراءة متحمسة

Chapitre 7 : Une aventure à la bibliothèque

Sara aimait beaucoup lire. Un samedi, elle alla avec sa grand-mère à la bibliothèque publique. La bibliothèque était très grande, remplie de hautes étagères et de livres colorés. La grand-mère dit : "Tu peux choisir trois livres à emprunter." Sara commença à se promener entre les étagères. Elle trouva un livre sur l'espace et un autre sur les animaux domestiques. Soudain, elle entendit un son étrange. Elle suivit le son jusqu'à ce qu'elle arrive au coin des histoires. Là, elle vit un groupe d'enfants qui écoutaient une histoire racontée par un employé. Sara les rejoignit et apprécia beaucoup l'histoire. Finalement, Sara choisit un troisième livre parmi les histoires qu'elle avait entendues. Sara et sa grand-mère rentrèrent à la maison, et Sara était impatiente de lire ses nouveaux livres.

Glossaire bilingue :

- المكتبة (al-maktaba) : la bibliothèque
- الرفوف (al-rufūf) : les étagères
- تستعير (tasta'īr) : emprunter
- الفضاء (al-faḍā') : l'espace
- الحيوانات الأليفة (al-ḥayawānāt al-alīfa) : les animaux domestiques
- صوت (ṣawt) : son
- ركن القصص (rukn al-qiṣaṣ) : le coin des histoires
- الموظفين (al-muwaẓẓafīn) : les employés
- متحمسة (mutaḥammisa) : impatiente, enthousiaste

Exercice de compréhension :

1. Avec qui Sara est-elle allée à la bibliothèque ?

2. Combien de livres Sara pouvait-elle choisir ?
3. Quel son étrange Sara a-t-elle entendu ?
4. Qu'est-ce que Sara a choisi comme troisième livre ?

Corrections :

1. Sara est allée à la bibliothèque avec sa grand-mère.
2. Sara pouvait choisir trois livres.
3. Sara a entendu le son d'une histoire racontée par un employé.
4. Sara a choisi un livre parmi les histoires qu'elle avait entendues.

الفصل الثامن: رحلة التخييم

قرر أحمد وعائلته الذهاب في رحلة تخييم لمدة يومين. حزموا أمتعتهم: الخيمة، وأكياس النوم، والطعام، والماء. ساروا بالسيارة لمدة ساعتين حتى وصلوا إلى الغابة. وجدوا مكاناً جميلاً قرب النهر لنصب الخيمة. ساعد أحمد والده في إعداد الخيمة، بينما جمعت أمه وأخته الحطب للنار. في المساء، أشعلوا ناراً وشووا الطعام. جلسوا حول النار يتحدثون ويضحكون. في الصباح التالي، ذهب أحمد مع والده لصيد السمك. عادا بسمكتين كبيرتين طبختهما الأم للغداء. قضوا بقية اليوم في التنزه واستكشاف الغابة. عندما حان وقت العودة، كان أحمد حزيناً قليلاً، لكنه كان سعيداً بذكرياته الجميلة.

Chapitre 8 : Le voyage de camping

Ahmed et sa famille décidèrent de partir en camping pour deux jours. Ils firent leurs bagages : la tente, les sacs de couchage, la nourriture et l'eau. Ils roulèrent en voiture pendant deux heures jusqu'à ce qu'ils arrivent à la forêt. Ils trouvèrent un bel endroit près de la rivière pour installer la tente. Ahmed aida son père à monter la tente, tandis que sa mère et sa sœur ramassaient du bois pour le feu. Le soir, ils allumèrent un feu et grillèrent de la nourriture. Ils s'assirent autour du feu, parlant et riant. Le lendemain matin, Ahmed alla pêcher avec son père. Ils revinrent avec deux gros poissons que la mère cuisina pour le déjeuner. Ils passèrent le reste de la journée à se promener et à explorer la forêt. Quand il fut temps de rentrer,

Ahmed était un peu triste, mais il était heureux de ses beaux souvenirs.

Glossaire bilingue :

- تخييم رحلة (riḥlat takhyīm) : voyage de camping
- الخيمة (al-khayma) : la tente
- النوم أكياس (akyās al-nawm) : sacs de couchage
- الغابة (al-ghāba) : la forêt
- النهر (al-nahr) : la rivière
- الحطب (al-ḥaṭab) : le bois
- شووا (shawū) : ils ont grillé
- السمك صيد (ṣayd al-samak) : la pêche
- التنزه (al-tanazzuh) : se promener
- ذكريات (dhikrayāt) : souvenirs

Exercice de compréhension :

1. Combien de temps a duré le voyage de camping ?
2. Où la famille a-t-elle installé la tente ?
3. Qu'ont fait Ahmed et son père le matin du deuxième jour ?
4. Comment la famille a-t-elle passé la soirée du premier jour ?

Corrections :

1. Le voyage de camping a duré deux jours.
2. La famille a installé la tente près de la rivière.
3. Ahmed et son père sont allés pêcher le matin du deuxième jour.
4. La famille a passé la soirée autour du feu, parlant et riant.

المدرسة مشروع :التاسع الفصل

سنقوم" :للصف جديد مشروع عن سلمى المعلمة أعلنت الصف انقسم ."المدرسة فناء في صغيرة حديقة بزراعة عن مسؤولة فاطمة مجموعة كانت .مجموعات إلى إلى زملائها مع فاطمة ذهبت .الخضروات زراعة ،التالي اليوم في .والأدوات البذور لشراء البستنة متجر الطماطم بذور وزرعوا التربة حفروا .العمل بدؤوا

النباتات يسقون كانوا ،يوم كل .والجزر والخيار كانت .تظهر البراعم بدأت ،أسابيع بعد .بها ويعتنون .حمراء طماطم أول رأت عندما جداً متحمسة فاطمة معرضاً المدرسة أقامت ،الدراسي الفصل نهاية في بجائزة فاطمة مجموعة فازت .الطلاب مشاريع لعرض في صغيرة حديقة تبدأ أن فاطمة قررت .حديقة أفضل .أيضاً منزلها

Chapitre 9 : Le projet scolaire

L'enseignante Salma annonça un nouveau projet pour la classe : "Nous allons créer un petit jardin dans la cour de l'école". La classe se divisa en groupes. Le groupe de Fatima était responsable de la plantation des légumes. Fatima alla avec ses camarades à la jardinerie pour acheter des graines et des outils. Le lendemain, ils commencèrent à travailler. Ils creusèrent la terre et plantèrent des graines de tomates, de concombres et de carottes. Chaque jour, ils arrosaient les plantes et en prenaient soin. Après quelques semaines, les pousses commencèrent à apparaître. Fatima était très enthousiaste quand elle vit la première tomate rouge. À la fin du semestre, l'école organisa une exposition pour présenter les projets des élèves. Le groupe de Fatima remporta le prix du meilleur jardin. Fatima décida de commencer un petit jardin chez elle aussi.

Glossaire bilingue :

- مشروع (mashrū') : projet
- حديقة (ḥadīqa) : jardin
- المدرسة فناء (finā' al-madrasa) : cour de l'école
- زراعة (zirā'a) : plantation
- البذور (al-budhūr) : graines
- الأدوات (al-adawāt) : outils
- يسقون (yasqūn) : ils arrosent
- البراعم (al-barā'im) : pousses
- معرض (ma'raḍ) : exposition
- جائزة (jā'iza) : prix

Exercice de compréhension :

1. Quel était le projet annoncé par l'enseignante Salma ?
2. De quoi le groupe de Fatima était-il responsable ?

3. Quels légumes ont-ils plantés ?
4. Qu'est-ce que l'école a organisé à la fin du semestre ?

Corrections :

1. Le projet était de créer un petit jardin dans la cour de l'école.
2. Le groupe de Fatima était responsable de la plantation des légumes.
3. Ils ont planté des tomates, des concombres et des carottes.
4. L'école a organisé une exposition pour présenter les projets des élèves.

المتحف إلى رحلة :العاشر الفصل

متحف إلى رحلة في الصف أخذ التاريخ معلم قرر يوم في .الرحلة لهذه جداً متحمساً يوسف كان .الآثار ،وصولهم عند .وانطلقوا الحافلة الطلاب ركب ،الرحلة قاعة في الجولة بدأت .المتحف مرشد استقبلهم ضخمة فرعونية تماثيل يوسف شاهد .القديمة الحضارة قاعة إلى انتقلوا ثم .مثيرة هيروغليفية ولوحات وعملات قديمة أدوات رأوا ،هناك .الحديثة الاكتشافات القطع إحدى عمر عن المرشد يوسف سأل .نادرة .سنة آلاف ثلاثة من أكثر إلى تعود أنها فأجابه ،الأثرية اشترى حيث الهدايا متجر زاروا ،الجولة نهاية في طلب ،المدرسة إلى الطريق في .الآثار عن كتاباً يوسف في تعلمه شيء عن تقرير كتابة طالب كل من المعلم الهيروغليفية الكتابة عن يكتب أن يوسف قرر .المتحف .كثيراً اهتمامه أثارت التي

Chapitre 10 : La visite au musée

Le professeur d'histoire décida d'emmener la classe en excursion au musée archéologique. Youssef était très enthousiaste pour cette sortie. Le jour de l'excursion, les élèves montèrent dans le bus et partirent. À leur arrivée, un guide du musée les accueillit. La visite commença dans la salle de l'ancienne civilisation. Youssef vit d'énormes statues pharaoniques et des hiéroglyphes fascinants. Ensuite, ils passèrent à la salle des découvertes récentes. Là, ils virent d'anciens outils et des pièces de monnaie rares. Youssef demanda au guide l'âge d'un des artefacts, qui lui répondit qu'il datait de plus de trois mille ans. À la fin de la visite, ils se rendirent à la boutique de souvenirs où Youssef acheta un livre sur l'archéologie. Sur le chemin du retour à l'école, le professeur demanda à chaque élève d'écrire un rapport sur quelque chose qu'il avait appris au musée. Youssef décida d'écrire sur les hiéroglyphes qui l'avaient beaucoup intéressé.

Glossaire bilingue :

- متحف الآثار (matḥaf al-āthār) : musée archéologique
- مرشد (murshid) : guide
- الحضارة القديمة (al-ḥaḍāra al-qadīma) : ancienne civilisation
- تماثيل (tamāthīl) : statues
- هيروغليفية (hīrūghlīfiyya) : hiéroglyphes
- الاكتشافات (al-iktishāfāt) : découvertes
- عملات ('umlāt) : pièces de monnaie
- القطع الأثرية (al-qiṭa' al-athariyya) : artefacts
- متجر الهدايا (matjar al-hadāyā) : boutique de souvenirs
- تقرير (taqrīr) : rapport

Exercice de compréhension :

1. Où le professeur d'histoire a-t-il emmené la classe ?
2. Qu'est-ce que Youssef a vu dans la salle de l'ancienne civilisation ?
3. Quelle question Youssef a-t-il posée au guide ?
4. Qu'est-ce que Youssef a acheté à la fin de la visite ?

Corrections :

1. Le professeur d'histoire a emmené la classe au musée archéologique.
2. Youssef a vu d'énormes statues pharaoniques et des hiéroglyphes fascinants.
3. Youssef a demandé au guide l'âge d'un des artefacts.

4. Youssef a acheté un livre sur l'archéologie à la boutique de souvenirs.

📖 ✦ ✦ ✦ ✦ ✦ ✦ 🌍

Partie V : Dialogues de la vie quotidienne

Cette section propose 10 dialogues progressifs, adaptés à différents niveaux, pour vous aider à maîtriser l'arabe dans des situations de la vie quotidienne et professionnelle. Que ce soit pour commander dans un restaurant, réserver un hôtel ou discuter lors d'une réunion, ces dialogues sont accompagnés de traductions et d'exercices pour renforcer votre compréhension et votre expression orale.

الحوار الأول: في المقهى

أحمد: مرحباً يا سارة. كيف حالك؟
سارة: أهلاً أحمد. أنا بخير، شكراً. وأنت؟
أحمد: الحمد لله، أنا بخير أيضاً. هل تريدين شرب القهوة معي؟
سارة: نعم، بكل سرور. أين نجلس؟
أحمد: هناك طاولة فارغة بجانب النافذة.
سارة: ممتاز. ماذا ستطلب؟
أحمد: سأطلب قهوة سوداء. وأنتِ؟
سارة: أفضّل الشاي بالنعناع.
أحمد: حسناً، سأذهب لأطلب. انتظري هنا من فضلك.
سارة: شكراً لك، أحمد.

Dialogue 1 : Au café

Ahmed : Bonjour Sarah. Comment vas-tu ?
Sarah : Salut Ahmed. Je vais bien, merci. Et toi ?
Ahmed : Dieu merci, je vais bien aussi. Veux-tu prendre un café avec moi ?
Sarah : Oui, avec plaisir. Où nous asseyons-nous ?
Ahmed : Il y a une table libre près de la fenêtre.
Sarah : Excellent. Que vas-tu commander ?
Ahmed : Je vais commander un café noir. Et toi ?
Sarah : Je préfère un thé à la menthe.
Ahmed : D'accord, je vais aller commander. Attends ici s'il te plaît.
Sarah : Merci, Ahmed.

Questions de compréhension :

1. Que va commander Ahmed ?
2. Où vont-ils s'asseoir ?

Corrections :

1. Ahmed va commander un café noir.
2. Ils vont s'asseoir à une table libre près de la fenêtre.

الحوار الأول: في المقهى

أحمد: مرحباً يا سارة. كيف حالك؟
سارة: أهلاً أحمد. أنا بخير، شكراً. وأنت؟
أحمد: الحمد لله، أنا بخير أيضاً. هل تريدين شرب القهوة معي؟
سارة: نعم، بكل سرور. أين نجلس؟
أحمد: هناك طاولة فارغة بجانب النافذة.
سارة: ممتاز. ماذا ستطلب؟
أحمد: سأطلب قهوة سوداء. وأنتِ؟
سارة: أفضّل الشاي بالنعناع.
أحمد: حسناً، سأذهب لأطلب. انتظري هنا من فضلك.
سارة: شكراً لك، أحمد.

Dialogue 1 : Au café

Ahmed : Bonjour Sarah. Comment vas-tu ?

Sarah : Salut Ahmed. Je vais bien, merci. Et toi ?

Ahmed : Dieu merci, je vais bien aussi. Veux-tu prendre un café avec moi ?

Sarah : Oui, avec plaisir. Où nous asseyons-nous ?

Ahmed : Il y a une table libre près de la fenêtre.

Sarah : Excellent. Que vas-tu commander ?

Ahmed : Je vais commander un café noir. Et toi ?

Sarah : Je préfère un thé à la menthe.

Ahmed : D'accord, je vais aller commander. Attends ici s'il te plaît.

Sarah : Merci, Ahmed.

Questions de compréhension :

١. ماذا سيطلب أحمد؟ (Que va commander Ahmed ?)

٢. أين سيجلسون؟ (Où vont-ils s'asseoir ?)

Corrections :

١. سيطلب أحمد قهوة سوداء. (Ahmed va commander un café noir.)

٢. سيجلسون عند طاولة فارغة بجانب النافذة. (Ils vont s'asseoir à une table libre près de la fenêtre.)

السوق في :الثاني الحوار

اليوم؟ حالك كيف .محمد أم يا عليكم السلام :فاطمة

.بخير أنا ،لله الحمد .فاطمة يا السلام وعليكم :محمد أم تشترين؟ ماذا

الطماطم هل .الخضروات بعض شراء أريد :فاطمة طازجة؟

.صباحاً اليوم وصلت .جداً طازجة إنها ،نعم :محمد أم

وكم .الطماطم من كيلوغراماً سآخذ !رائع :فاطمة الخيار؟ سعر

.للكيلو دراهم بخمسة الخيار :محمد أم

هل .أيضاً الخيار من كيلو نصف سآخذ ،حسناً :فاطمة بصل؟ عندك

آخر؟ شيئاً تريدين هل .هناك البصل ،نعم :محمد أم

المجموع؟ كم .شيء كل هذا .شكراً ،لا :فاطمة

.درهماً عشر خمسة المجموع :محمد أم

.جزيلاً شكراً .تفضلي :فاطمة

.أخرى مرة بزيارتنا تفضلي .لك شكراً :محمد أم

Dialogue 2 : Au marché

Fatima : Bonjour, Oum Mohammed. Comment allez-vous aujourd'hui ?
Oum Mohammed : Bonjour Fatima. Dieu merci, je vais bien. Qu'achetez-vous ?
Fatima : Je veux acheter quelques légumes. Les tomates sont-elles fraîches ?
Oum Mohammed : Oui, elles sont très fraîches. Elles sont arrivées ce matin.
Fatima : Parfait ! Je vais prendre un kilogramme de tomates. Et quel est le prix des concombres ?
Oum Mohammed : Les concombres sont à cinq dirhams le kilo.
Fatima : D'accord, je vais prendre aussi un demi-kilo de concombres. Avez-vous des oignons ?
Oum Mohammed : Oui, les oignons sont là-bas. Voulez-vous autre chose ?
Fatima : Non, merci. C'est tout. Combien ça fait en tout ?
Oum Mohammed : Le total est de quinze dirhams.
Fatima : Voilà. Merci beaucoup.
Oum Mohammed : Merci à vous. Revenez nous voir.

Questions de compréhension :

١. فاطمة؟ اشترت الطماطم من كيلوغرام كم (Combien de kilogrammes de tomates Fatima a-t-elle achetés ?)
٢. الواحد؟ للكيلو الخيار سعر هو ما (Quel est le prix d'un kilogramme de concombres ?)

Corrections :

١. .الطماطم من واحداً كيلوغراماً فاطمة اشترت (Fatima a acheté un kilogramme de tomates.)

٢. سعر الخيار خمسة دراهم للكيلو. (Le prix des concombres est de cinq dirhams le kilo.)

الحوار الثالث: حجز موعد طبي

المريض: مرحبًا، هل هذه عيادة الدكتور أحمد؟

السكرتيرة: نعم، أهلاً بك. كيف يمكنني مساعدتك؟

المريض: أريد حجز موعد مع الدكتور، من فضلك.

السكرتيرة: بالتأكيد. هل أنت مريض جديد أم قديم؟

المريض: أنا مريض جديد.

السكرتيرة: حسنًا. ما هو سبب زيارتك؟

المريض: أعاني من صداع مستمر منذ أسبوع.

السكرتيرة: أفهم. لدينا موعد متاح في غدًا في الساعة العاشرة صباحًا. هل يناسبك ذلك؟

المريض: نعم، هذا مناسب جدًا. شكرًا لك.

السكرتيرة: عظيم. ما اسمك من فضلك؟

المريض: اسمي محمود خالد.

السكرتيرة: شكرًا يا سيد خالد. سنراك غدًا في العاشرة صباحًا. لا تنس إحضار بطاقة هويتك.

المريض: حسنًا. سأحضرها. شكرًا جزيلاً.

السكرتيرة: عفوًا. إلى اللقاء.

Dialogue 3 : Prendre un rendez-vous médical

Patient : Bonjour, est-ce le cabinet du Dr Ahmed ?

Secrétaire : Oui, bienvenue.

Comment puis-je vous aider ?

Patient : Je voudrais prendre rendez-vous avec le docteur, s'il vous plaît.

Secrétaire : Bien sûr. Êtes-vous un nouveau patient ou un patient régulier ?

Patient : Je suis un nouveau patient.

Secrétaire : D'accord. Quelle est la raison de votre visite ?

Patient : Je souffre de maux de tête persistants depuis une semaine.

Secrétaire : Je comprends. Nous avons un créneau disponible demain à 10h du matin. Cela vous convient-il ?

Patient : Oui, c'est parfait. Merci.

Secrétaire : Très bien. Quel est votre nom, s'il vous plaît ?

Patient : Mon nom est Khaled Mahmoud.

Secrétaire : Merci, M. Khaled. Nous vous verrons demain à 10h.

N'oubliez pas d'apporter votre carte d'identité.

Patient : D'accord, je l'apporterai. Merci beaucoup.

Secrétaire : Je vous en prie. Au revoir.

Questions de compréhension :

١. ما هو سبب زيارة المريض للطبيب؟ (Quelle

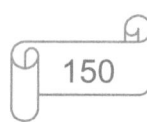

est la raison de la visite du patient chez le médecin ?)
٢. متى سيكون موعد المريض؟ (Quand sera le rendez-vous du patient ?)

Corrections :

١. سبب زيارة المريض هو الصداع المستمر منذ أسبوع. (La raison de la visite du patient est des maux de tête persistants depuis une semaine.)
٢. موعد المريض سيكون غدًا في الساعة العاشرة صباحًا. (Le rendez-vous du patient sera demain à 10h du matin.)

الحوار الرابع: في المطعم

النادل: مرحبًا بكم في مطعمنا. هل ترغبون في طاولة لشخصين؟
سمير: نعم، من فضلك.
النادل: تفضلا. هذه قائمة الطعام. هل ترغبان في طلب المشروبات أولاً؟
ليلى: نعم، أريد عصير برتقال من فضلك.
سمير: وأنا سآخذ ماءً معدنيًا.
النادل: حسنًا. هل أنتما مستعدان لطلب الطعام الآن؟
ليلى: نعم. سأطلب سلطة يونانية كمقبلات.
سمير: وأنا سأجرب الحساء. ما هو طبق اليوم؟
النادل: طبق اليوم هو دجاج مشوي مع الأرز والخضروات.
سمير: يبدو لذيذًا. سآخذه.
ليلى: وأنا سأطلب السمك المشوي، من فضلك.
النادل: اختيار ممتاز. هل ترغبان في أي شيء آخر؟
سمير: لا، شكرًا. هذا كافٍ الآن.
النادل: حسنًا، سأعود بطلباتكم قريبًا.

Dialogue 4 : Au restaurant

Serveur : Bienvenue dans notre restaurant. Désirez-vous une table pour deux ?
Samir : Oui, s'il vous plaît.
Serveur : Je vous en prie. Voici le menu. Voulez-vous commander des boissons d'abord ?
Leila : Oui, je voudrais un jus d'orange, s'il vous plaît.
Samir : Et moi, je prendrai de l'eau minérale.
Serveur : Très bien. Êtes-vous prêts à commander votre repas maintenant ?
Leila : Oui. Je vais prendre une salade grecque en entrée.
Samir : Et moi, je vais essayer la soupe. Quel est le plat du jour ?
Serveur : Le plat du jour est un poulet grillé avec du riz et des légumes.
Samir : Ça a l'air délicieux. Je vais prendre ça.
Leila : Et moi, je voudrais le poisson grillé, s'il vous plaît.
Serveur : Excellent choix. Désirez-

vous autre chose ?

Samir : Non, merci. C'est suffisant pour le moment.

Serveur : Très bien, je reviendrai bientôt avec vos commandes.

Questions de compréhension :

١. للشرب؟ ليلى طلبت ماذا (Qu'est-ce que Leila a commandé à boire ?)

٢. المطعم؟ في اليوم طبق هو ما (Quel est le plat du jour au restaurant ?)

Corrections :

١. برتقال عصير ليلى طلبت. (Leila a commandé un jus d'orange.)

٢. الأرز مع مشوي دجاج هو اليوم طبق والخضروات. (Le plat du jour est un poulet grillé avec du riz et des légumes.)

القطار محطة في :الخامس الحوار

القاهرة؟ إلى متجه القطار هذا هل ،عفوًا :مسافر

هل .القاهرة إلى المتجه القطار هو هذا ،نعم :موظف تذكرة؟ لديك

تذكرة؟ شراء يمكنني أين .بعد ليس ،لا :مسافر

هناك التذاكر شباك من التذكرة شراء يمكنك :موظف.

القطار؟ يغادر ساعة أي في .شكرًا :مسافر

مساءً الثالثة الساعة في يغادر القطار :موظف.

الرحلة؟ تستغرق كم :مسافر

ساعات أربع حوالي تستغرق الرحلة :موظف.

القطار؟ في للمطعم عربة هناك وهل ،حسنًا :مسافر

الطعام تناول يمكنك .مطعم عربة هناك ،نعم :موظف هناك والمشروبات.

المعلومات على جزيلاً شكرًا .ممتاز :مسافر.

إسعيدة رحلة .عفوًا :موظف!

Dialogue 5 : À la gare

Voyageur : Excusez-moi, ce train va-t-il à Cairo ?

Employé : Oui, c'est bien le train pour Cairo. Avez-vous un billet ?

Voyageur : Non, pas encore. Où puis-je acheter un billet ?

Employé : Vous pouvez acheter un billet au guichet là-bas.

Voyageur : Merci. À quelle heure le train part-il ?

Employé : Le train part à 15h00.

Voyageur : Combien de temps dure le voyage ?

Employé : Le voyage dure environ quatre heures.

Voyageur : D'accord, et y a-t-il un wagon-restaurant dans le train ?

Employé : Oui, il y a un wagon-restaurant. Vous pouvez y prendre des repas et des boissons.

Voyageur : Excellent. Merci beaucoup pour ces informations.

Employé : Je vous en prie. Bon voyage !

Questions de compréhension :

١. متى يغادر القطار المتجه إلى القاهرة؟ (À quelle heure part le train pour Cairo ?)

٢. كم تستغرق الرحلة بالقطار إلى القاهرة؟ (Combien de temps dure le voyage en train jusqu'à Cairo ?)

Corrections :

١. يغادر القطار في الساعة الثالثة مساءً. (Le train part à 15h00.)

٢. تستغرق الرحلة حوالي أربع ساعات. (Le voyage dure environ quatre heures.)

الحوار السادس: في الفندق

موظف الاستقبال: مرحبًا بك في فندق النجوم. كيف يمكنني مساعدتك؟

الضيف: مرحبًا، لدي حجز باسم سعيد الأحمد.

موظف الاستقبال: لحظة من فضلك، دعني أتحقق... نعم، لديك حجز لغرفة مزدوجة لمدة ثلاث ليالٍ. هل هذا صحيح؟

الضيف: نعم، هذا صحيح.

موظف الاستقبال: رائع. هل تفضل غرفة في طابق علوي أم سفلي؟

الضيف: أفضل غرفة في طابق علوي، إن أمكن.

موظف الاستقبال: بالتأكيد. سأعطيك غرفة في الطابق السابع مع إطلالة على المدينة.

الضيف: ممتاز. هل الإفطار مشمول في السعر؟

موظف الاستقبال: نعم، الإفطار مشمول. يُقدم من الساعة السابعة حتى العاشرة صباحًا في المطعم الرئيسي.

الضيف: جيد. وهل لديكم خدمة الواي فاي؟

موظف الاستقبال: نعم، لدينا واي فاي مجاني في جميع أنحاء الفندق. ستجد كلمة المرور في ملف الترحيب في غرفتك.

الضيف: شكرًا جزيلاً. في أي وقت يجب علي مغادرة الغرفة في اليوم الأخير؟

موظف الاستقبال: وقت المغادرة هو الساعة الثانية عشرة ظهرًا. هل لديك أي أسئلة أخرى؟

الضيف: لا، هذا كل شيء. شكرًا لك.

موظف الاستقبال: شكرًا لك على اختيار فندقنا. أتمنى لك إقامة سعيدة!

Dialogue 6 : À l'hôtel

Réceptionniste : Bienvenue à l'hôtel Les Étoiles. Comment puis-je vous aider ?

Client : Bonjour, j'ai une réservation au nom de Saeed Al-Ahmad.

Réceptionniste : Un moment s'il vous plaît, laissez-moi vérifier... Oui, vous avez une réservation pour une chambre double pour trois nuits. Est-ce correct ?

Client : Oui, c'est correct.

Réceptionniste : Parfait. Préférez-

vous une chambre à un étage supérieur ou inférieur ?
Client : Je préfère une chambre à un étage supérieur, si possible.
Réceptionniste : Bien sûr. Je vais vous donner une chambre au septième étage avec vue sur la ville.
Client : Excellent. Le petit-déjeuner est-il inclus dans le prix ?
Réceptionniste : Oui, le petit-déjeuner est inclus. Il est servi de 7h à 10h dans le restaurant principal.
Client : Bien. Et avez-vous le Wi-Fi ?
Réceptionniste : Oui, nous avons le Wi-Fi gratuit dans tout l'hôtel. Vous trouverez le mot de passe dans le dossier de bienvenue dans votre chambre.
Client : Merci beaucoup. À quelle heure dois-je libérer la chambre le dernier jour ?
Réceptionniste : L'heure de départ est midi. Avez-vous d'autres questions ?
Client : Non, c'est tout. Merci.
Réceptionniste : Merci d'avoir choisi notre hôtel. Je vous souhaite un agréable séjour !

Questions de compréhension :

١. كم ليلة سيقيم الضيف في الفندق؟ (Combien de nuits le client va-t-il séjourner à l'hôtel ?)
٢. في أي ساعة يجب على الضيف مغادرة الغرفة في اليوم الأخير؟ (À quelle heure le client doit-il libérer la chambre le dernier jour ?)

Corrections :

١. سيقيم الضيف في الفندق لمدة ثلاث ليالٍ. (Le client va séjourner à l'hôtel pendant trois nuits.)
٢. يجب على الضيف مغادرة الغرفة في الساعة الثانية عشرة ظهرًا في اليوم الأخير. (Le client doit libérer la chambre à midi le dernier jour.)

الحوار السابع: في المطار

موظف الجوازات: مرحبًا، جواز سفرك من فضلك.
المسافر: تفضل.
موظف الجوازات: ما هو الغرض من زيارتك؟
المسافر: أنا هنا لحضور مؤتمر علمي.
موظف الجوازات: كم مدة إقامتك المتوقعة؟
المسافر: سأبقى لمدة أسبوع.
موظف الجوازات: هل لديك دعوة للمؤتمر أو تأكيد حجز الفندق؟
المسافر: نعم، ها هي دعوة المؤتمر وتأكيد حجز الفندق.
موظف الجوازات: شكرًا. هل هذه أول زيارة لك إلى بلدنا؟

.قبل من مرتين بلدكم زرت لقد ،لا :المسافر
تصرح شيء أي لديك هل .حسنًا :الجوازات موظف
الجمارك؟ في عنه
.عنه للتصريح شيء أي لدي ليس ،لا :المسافر
أتمنى .سفرك جواز هو ها .جيد :الجوازات موظف
.طيبة إقامة لك
.جزيلًا شكرًا :المسافر

Dialogue 7 : À l'aéroport

Agent des passeports : Bonjour, votre passeport s'il vous plaît.
Voyageur : Voici.
Agent : Quel est le but de votre visite ?
Voyageur : Je suis ici pour assister à une conférence scientifique.
Agent : Quelle est la durée prévue de votre séjour ?
Voyageur : Je resterai une semaine.
Agent : Avez-vous une invitation pour la conférence ou une confirmation de réservation d'hôtel ?
Voyageur : Oui, voici l'invitation à la conférence et la confirmation de l'hôtel.
Agent : Merci. Est-ce votre première visite dans notre pays ?
Voyageur : Non, j'ai déjà visité votre pays deux fois auparavant.
Agent : D'accord. Avez-vous quelque chose à déclarer aux douanes ?
Voyageur : Non, je n'ai rien à déclarer.
Agent : Bien. Voici votre passeport. Je vous souhaite un bon séjour.
Voyageur : Merci beaucoup.

Questions de compréhension :

١. ما هو سبب زيارة المسافر للبلاد؟ (Quelle est la raison de la visite du voyageur dans le pays ?)
٢. كم مرة زار المسافر هذا البلد من قبل؟ (Combien de fois le voyageur a-t-il visité ce pays auparavant ?)

Corrections :

١. سبب زيارة المسافر هو حضور مؤتمر علمي. (La raison de la visite du voyageur est d'assister à une conférence scientifique.)
٢. زار المسافر هذا البلد مرتين من قبل. (Le voyageur a visité ce pays deux fois auparavant.)

الحوار الثامن: في مقابلة عمل

.المدير: مرحبًا بك، تفضل بالجلوس
.المرشح: شكرًا لك على استقبالي
المدير: لقد قرأت سيرتك الذاتية. أخبرني قليلاً عن
.خبرتك في مجال التسويق

المرشح: لقد عملت في شركة للإعلان لمدة خمس سنوات. كنت مسؤولاً عن إدارة حملات التسويق الرقمي لعدة علامات تجارية كبيرة.
المدير: هذا مثير للاهتمام. ما هي أهم إنجازاتك في وظيفتك السابقة؟
المرشح: أحد أهم إنجازاتي كان زيادة مبيعات أحد العملاء بنسبة 30٪ من خلال حملة تسويقية مبتكرة على وسائل التواصل الاجتماعي.
المدير: ممتاز. كيف تتعامل مع ضغط العمل والمواعيد النهائية الضيقة؟
المرشح: أنا أعمل بشكل جيد تحت الضغط. أستخدم أدوات إدارة الوقت لتنظيم مهامي وأولوياتي للتأكد من إنجاز كل شيء في الوقت المحدد.
المدير: حسنًا. ما هي نقاط قوتك وضعفك؟
المرشح: نقطة قوتي هي قدرتي على التفكير الإبداعي وحل المشكلات. أما نقطة ضعفي فهي أنني أحيانًا أكون متحمسًا جدًا لدرجة أنني قد أتولى مهام أكثر مما يجب.
المدير: شكرًا لك على صراحتك. هل لديك أي أسئلة عن الوظيفة أو الشركة؟
المرشح: نعم، هل يمكنك إخباري المزيد عن فرص التطور الوظيفي في الشركة؟
المدير: بالتأكيد، نحن نشجع التطور المهني ولدينا برامج تدريبية منتظمة...

Dialogue 8 : Lors d'un entretien d'embauche

Directeur : Bienvenue, prenez place s'il vous plaît.
Candidat : Merci de me recevoir.
Directeur : J'ai lu votre CV. Parlez-moi un peu de votre expérience dans le domaine du marketing.
Candidat : J'ai travaillé dans une agence de publicité pendant cinq ans. J'étais responsable de la gestion des campagnes de marketing digital pour plusieurs grandes marques.
Directeur : C'est intéressant. Quelles ont été vos principales réalisations dans votre précédent emploi ?
Candidat : L'une de mes principales réalisations a été d'augmenter les ventes d'un client de 30% grâce à une campagne marketing innovante sur les réseaux sociaux.
Directeur : Excellent. Comment gérez-vous la pression et les délais serrés ?
Candidat : Je travaille bien sous pression. J'utilise des outils de gestion du temps pour organiser mes tâches et mes priorités afin de m'assurer que tout est fait dans les délais.
Directeur : Bien. Quels sont vos points forts et vos points faibles ?
Candidat : Mon point fort est ma capacité à penser de manière créative et à résoudre des

problèmes. Mon point faible est que je suis parfois trop enthousiaste, au point de prendre en charge plus de tâches que je ne le devrais.
Directeur : Merci pour votre franchise. Avez-vous des questions sur le poste ou l'entreprise ?
Candidat : Oui, pouvez-vous m'en dire plus sur les opportunités de développement de carrière dans l'entreprise ?
Directeur : Certainement, nous encourageons le développement professionnel et avons des programmes de formation réguliers...

Questions de compréhension :

١. كم سنة عمل المرشح في شركة الإعلان؟ (Combien d'années le candidat a-t-il travaillé dans l'agence de publicité ?)
٢. ما هو أحد الإنجازات الرئيسية التي ذكرها المرشح؟ (Quelle est l'une des principales réalisations mentionnées par le candidat ?)

Corrections :

١. عمل المرشح في شركة الإعلان لمدة خمس سنوات. (Le candidat a travaillé dans l'agence de publicité pendant cinq ans.)
٢. أحد الإنجازات الرئيسية هو زيادة مبيعات أحد العملاء بنسبة 30٪ من خلال حملة تسويقية مبتكرة على وسائل التواصل الاجتماعي. (L'une des principales réalisations est l'augmentation des ventes d'un client de 30% grâce à une campagne marketing innovante sur les réseaux sociaux.)

الحوار التاسع: مناقشة مشروع عمل

أحمد: مرحبًا يا سارة، هل أنت جاهزة لمناقشة مشروعنا الجديد؟
سارة: نعم، بالتأكيد. لقد راجعت التقرير الأولي. ما رأيك فيه؟
أحمد: أعتقد أنه جيد، لكنني أرى أننا بحاجة إلى تعديل بعض النقاط في خطة التسويق.
سارة: أنا أتفق معك. ما هي التغييرات التي تقترحها؟
أحمد: أولاً، أعتقد أننا يجب أن نركز أكثر على التسويق الرقمي. الميزانية المخصصة له منخفضة جدًا.
سارة: هذه نقطة جيدة. هل لديك أي أفكار محددة حول كيفية توزيع الميزانية؟
أحمد: نعم، أقترح زيادة ميزانية إعلانات وسائل التواصل الاجتماعي بنسبة 20٪ وتقليل ميزانية الإعلانات التقليدية.
سارة: فكرة ممتازة. ماذا عن الجدول الزمني للمشروع؟ هل تعتقد أنه واقعي؟
أحمد: صراحة، أعتقد أنه طموح قليلاً. ربما علينا تمديد المرحلة الأولى لمدة أسبوعين إضافيين.

هل .الزمني الجدول بتعديل سأقوم .معك أتفق :سارة
مناقشته؟ تود آخر شيء أي هناك

رأي استطلاع إضافة في نفكر أن أود ،نعم :أحمد
نتائجنا لتقييم المشروع نهاية في العملاء.

شكرًا .الخطة إلى ذلك سأضيف .رائعة فكرة :سارة
أحمد يا القيمة الاقتراحات هذه على لك.

هذا أن أعتقد .تعاونك على أيضًا لك شكرًا :أحمد
جدًا ناجحًا سيكون المشروع.

Dialogue 9 : Discussion d'un projet professionnel

Ahmed : Bonjour Sarah, es-tu prête à discuter de notre nouveau projet ?
Sarah : Oui, certainement. J'ai revu le rapport initial. Qu'en penses-tu ?
Ahmed : Je pense qu'il est bon, mais je crois que nous devons ajuster certains points dans le plan marketing.
Sarah : Je suis d'accord. Quels changements proposes-tu ?
Ahmed : Premièrement, je pense que nous devrions nous concentrer davantage sur le marketing digital. Le budget qui lui est alloué est trop faible.
Sarah : C'est un bon point. As-tu des idées spécifiques sur la façon de répartir le budget ?
Ahmed : Oui, je suggère d'augmenter le budget des publicités sur les réseaux sociaux de 20% et de réduire celui des publicités traditionnelles.
Sarah : Excellente idée. Qu'en est-il du calendrier du projet ? Penses-tu qu'il soit réaliste ?
Ahmed : Franchement, je pense qu'il est un peu ambitieux. Nous devrions peut-être prolonger la première phase de deux semaines supplémentaires.
Sarah : Je suis d'accord. Je vais ajuster le calendrier. Y a-t-il autre chose que tu voudrais discuter ?
Ahmed : Oui, j'aimerais que nous envisagions d'ajouter une enquête de satisfaction client à la fin du projet pour évaluer nos résultats.
Sarah : Excellente idée. J'ajouterai cela au plan. Merci pour ces précieuses suggestions, Ahmed.
Ahmed : Merci à toi aussi pour ta collaboration. Je pense que ce projet sera un grand succès.

Questions de compréhension :

خطة في أحمد اقترحه الذي الرئيسي التغيير هو ما .١
التسويق؟ (Quel est le principal changement qu'Ahmed a suggéré dans le plan marketing ?)

المشروع؟ نهاية في إضافته أحمد اقترح ماذا .٢ (Qu'est-ce qu'Ahmed a suggéré d'ajouter à la fin du projet ?)

Corrections :

الرقمي التسويق على التركيز زيادة أحمد اقترح .١ الاجتماعي التواصل وسائل إعلانات ميزانية وزيادة بنسبة 20٪. (Ahmed a suggéré d'augmenter l'accent sur le marketing digital et d'augmenter le budget des publicités sur les réseaux sociaux de 20%.)

في العملاء رأي استطلاع إضافة أحمد اقترح .٢ النتائج لتقييم المشروع نهاية. (Ahmed a suggéré d'ajouter une enquête de satisfaction client à la fin du projet pour évaluer les résultats.)

بيئية قضايا مناقشة :العاشر الحوار

عن الأخير التقرير قرأت هل ،أحمد يا مرحبًا :مريم المناخ؟ تغير
فيه؟ رأيك ما .للغاية مقلق إنه .قرأته ،نعم :أحمد
خطورة مدى جلي بشكل يوضح أنه أعتقد :مريم فورية إجراءات اتخاذ إلى بحاجة نحن .الوضع.
التي الإجراءات هي ما .تمامًا معك أتفق :أحمد الفردي؟ المستوى على ضرورية أنها تعتقدين
للطاقة استهلاكنا بتقليل البدء علينا أن أعتقد :مريم فعالية أكثر بشكل النفايات تدوير وإعادة.
النقل وسائل استخدام عن وماذا .جيدة نقطة هذه :أحمد الخاصة؟ السيارات من بدلاً العام
استخدام تشجيع أن كما .جدًا مهم هذا ،بالتأكيد :مريم كبير تأثير له سيكون منازلنا في المتجددة الطاقة.
الحكومات دور في رأيك ما لكن .صحيح :أحمد القضية؟ هذه في الكبرى والشركات
سن عليهم يجب .أكبر مسؤولية عليهم أن أعتقد :مريم وتشجيع الانبعاثات من للحد صرامة أكثر قوانين النظيفة التكنولوجيا في الاستثمار.
تغيير في أمل هناك أن تعتقدين هل .معك أتفق :أحمد الأوان؟ فوات قبل الوضع
الأفراد - معًا الجميع عمل إذا .حذرة متفائلة أنا :مريم نحدث أن يمكن أننا فأعتقد - والشركات والحكومات فرقًا.
حملة تنظيم في التفكير علينا ربما .ذلك أتمنى :أحمد المحلي مجتمعنا في توعية.
الأسبوع لذلك بالتخطيط نبدأ دعنا !رائعة فكرة :مريم القادم.

Dialogue 10 : Discussion sur les questions environnementales

Mariam : Bonjour Ahmed, as-tu lu le dernier rapport sur le changement climatique ?
Ahmed : Oui, je l'ai lu. C'est très inquiétant. Qu'en penses-tu ?
Mariam : Je pense qu'il montre clairement à quel point la situation est grave. Nous devons agir immédiatement.
Ahmed : Je suis totalement d'accord.

Quelles actions penses-tu nécessaires au niveau individuel ?

Mariam : Je pense que nous devons commencer par réduire notre consommation d'énergie et recycler plus efficacement nos déchets.

Ahmed : C'est un bon point. Et que dirais-tu d'utiliser les transports en commun plutôt que les voitures privées ?

Mariam : Certainement, c'est très important. Encourager l'utilisation des énergies renouvelables dans nos maisons aurait aussi un grand impact.

Ahmed : C'est vrai. Mais que penses-tu du rôle des gouvernements et des grandes entreprises dans cette question ?

Mariam : Je pense qu'ils ont une plus grande responsabilité. Ils doivent adopter des lois plus strictes pour limiter les émissions et encourager l'investissement dans les technologies propres.

Ahmed : Je suis d'accord. Penses-tu qu'il y a de l'espoir de changer la situation avant qu'il ne soit trop tard ?

Mariam : Je suis prudemment optimiste. Si tout le monde travaille ensemble - individus, gouvernements et entreprises - je pense que nous pouvons faire une différence.

Ahmed : Je l'espère. Peut-être devrions-nous penser à organiser une campagne de sensibilisation dans notre communauté locale.

Mariam : Excellente idée ! Commençons à planifier cela la semaine prochaine.

Questions de compréhension :

على مريم اقترحتها التي الإجراءات بعض هي ما .١
المناخ؟ تغير لمواجهة الفردي المستوى (Quelles sont certaines des actions que Mariam a suggérées au niveau individuel pour faire face au changement climatique ?)

المحادثة؟ نهاية في أحمد قدمه الذي الاقتراح هو ما .٢
(Quelle suggestion Ahmed a-t-il faite à la fin de la conversation ?)

Corrections :

تدوير إعادة ،الطاقة استهلاك تقليل مريم اقترحت .١
النقل وسائل واستخدام ،فعالية أكثر بشكل النفايات
المنازل في المتجددة الطاقة استخدام وتشجيع ،العام.
(Mariam a suggéré de réduire la consommation d'énergie, de recycler plus efficacement les déchets, d'utiliser les transports en commun et d'encourager l'utilisation des énergies

renouvelables dans les maisons.)
٢. المحلي المجتمع في توعية حملة تنظيم أحمد اقترح.
(Ahmed a suggéré d'organiser une campagne de sensibilisation dans la communauté locale.)

Partie VI : 200 Phrases utiles dans le cadre des voyages

Salutations et formules de politesse

1. مرحبا (Marhaban) - Bonjour

2. الخير صباح (Sabah al-khayr) - Bonjour (le matin)

3. الخير مساء (Masa' al-khayr) - Bonsoir

4. السلامة مع (Ma'a as-salama) - Au revoir

5. شكرا (Shukran) - Merci

6. فضلك من (Min fadlik) - S'il vous plaît

7. عفوا (Afwan) - De rien / Excusez-moi

8. حالك؟ كيف (Kayfa haluk?) - Comment allez-vous ?

9. بخير، شكرا (Bikhayr, shukran) - Bien, merci

10. أنا آسف (Ana asif) - Je suis désolé

À l'aéroport et dans les transports

11. الوصول؟ تسجيل مكتب أين (Ayna maktab tasjil al-wusul?) - Où est le comptoir d'enregistrement ?

12. مقعد على الحصول يمكنني هل النافذة؟ بجانب (Hal yumkinuni al-husul 'ala maq'ad bijanib an-nafidha?) - Puis-je avoir un siège côté fenêtre ?

13. الطائرة؟ إقلاع موعد متى (Mata maw'id iqla' at-ta'ira?) - À quelle heure décolle l'avion ?

14. الأمتعة؟ استلام أين (Ayna istilam al-amti'a?) - Où est la récupération des bagages ?

15. إضافية؟ رسوم هناك هل (Hal hunak rusum idafiya?) - Y a-t-il des frais supplémentaires ?

16. الأجرة؟ سيارات موقف أين (Ayna mawqif sayyarat al-ujra?) - Où est la station de taxis ?

17. المدينة؟ وسط إلى الرحلة تكلفة كم (Kam tuklifat ar-rihla ila wasat al-madina?) - Combien coûte le trajet jusqu'au centre-ville ?

18. العداد؟ تشغيل يمكنك هل (Hal yumkinuka tashghil al-'addad?) - Pouvez-vous mettre le compteur en marche ?

19. فضلك من هنا توقف (Tawaqqaf huna min fadlik) - Arrêtez-vous ici, s'il vous plaît

20. مترو؟ محطة أقرب أين (Ayna aqrab mahattat metro?) - Où est la station de métro la plus proche ?

À l'hôtel

21. حجز لدي (Ladayya hajz) - J'ai une réservation

22. متاحة؟ غرفة لديكم هل (Hal ladaykum ghurfa mutaha?) - Avez-vous une chambre disponible ?

23. الواحدة؟ لليلة الغرفة سعر كم (Kam si'r al-ghurfa li-layla al-wahida?) - Quel est le prix de la chambre pour une nuit ?

24. مشمول؟ الإفطار هل (Hal al-iftar mashmul?) - Le petit-déjeuner est-il inclus ?

25. ما هو موعد تسجيل المغادرة؟ (Ma huwa maw'id tasjil al-mughapara?) - Quelle est l'heure du check-out ?

26. هل يمكنني الحصول على مفتاح إضافي؟ (Hal yumkinuni al-husul 'ala miftah idafi?) - Puis-je avoir une clé supplémentaire ?

27. الغرفة بحاجة إلى تنظيف (Al-ghurfa bihaja ila tandhif) - La chambre a besoin d'être nettoyée

28. هل لديكم خدمة الغسيل؟ (Hal ladaykum khidmat al-ghasil?) - Avez-vous un service de blanchisserie ?

29. هل يوجد خزنة في الغرفة؟ (Hal yujad khizana fi al-ghurfa?) - Y a-t-il un coffre-fort dans la chambre ?

30. ما هو رمز الواي فاي؟ (Ma huwa ramz al-way fay?) - Quel est le code du Wi-Fi ?

Au restaurant

31. هل لديكم قائمة طعام باللغة الإنجليزية؟ (Hal ladaykum qa'imat ta'am bil-lugha al-injliziya?) - Avez-vous un menu en anglais ?

32. ما هو طبق اليوم؟ (Ma huwa tabaq al-yawm?) - Quel est le plat du jour ?

33. هل يمكنني طلب هذا بدون...؟ (Hal yumkinuni talab hadha bidun...?) - Puis-je commander ceci sans... ?

34. أنا نباتي (Ana nabati) - Je suis végétarien

35. هل لديكم خيارات خالية من الغلوتين؟ (Hal ladaykum khiyarat khaliya min al-glutin?) - Avez-vous des options sans gluten ?

36. فضلك من الحساب (Al-hisab min fadlik) - L'addition, s'il vous plaît

37. الائتمان؟ بطاقات تقبلون هل (Hal taqbalun bitaqat al-i'timan?) - Acceptez-vous les cartes de crédit ?

38. مشمولة؟ الخدمة هل (Hal al-khidma mashmula?) - Le service est-il inclus ?

39. جدا لذيذ هذا (Hadha ladhidh jiddan) - C'est très délicieux

40. من المزيد على الحصول يمكنني هل الماء؟ (Hal yumkinuni al-husul 'ala al-mazid min al-ma'?) - Puis-je avoir plus d'eau ?

Shopping et argent

41. هذا؟ يكلف كم (Kam yukallifu hadha?) - Combien ça coûte ?

42. هذا؟ تجربة يمكنني هل (Hal yumkinuni tajribat hadha?) - Puis-je essayer ceci ?

43. أصغر؟/أكبر مقاس لديكم هل (Hal ladaykum maqas akbar/asghar?) - Avez-vous une taille plus grande/plus petite ?

44. آخر؟ بلون متوفر هذا هل (Hal hadha mutawaffir bilawn akhar?) - Est-ce disponible dans une autre couleur ?

45. العملات؟ صرف يمكنني أين (Ayna yumkinuni sarf al-'umlat?) - Où puis-je échanger de l'argent ?

46. الصرف؟ سعر هو ما (Ma huwa si'r as-sarf?) - Quel est le taux de change ?

47. الأمريكي؟ الدولار تقبلون هل (Hal taqbalun ad-dular al-amriki?) - Acceptez-vous les dollars américains ?

48. آلي؟ صراف جهاز أقرب أين (Ayna aqrab jihaz sarraf ali?) - Où est le distributeur automatique le plus proche ?

49. إيصال؟ على الحصول يمكنني هل (Hal yumkinuni al-husul 'ala isal?) - Puis-je avoir un reçu ?

50. جدا غالي هذا (Hadha ghali jiddan) - C'est très cher

Orientation et déplacements

51. أين...؟ (Ayna...?) - Où est... ?

52. ...إلى أصل كيف؟ (Kayfa asil ila...?) - Comment puis-je me rendre à... ?

53. ...إلى يؤدي الطريق هذا هل؟ (Hal hadha at-tariq yu'addi ila...?) - Cette route mène-t-elle à... ?

54. الخريطة؟ على تريني أن يمكنك هل (Hal yumkinuka an turinyi 'ala al-kharita?) - Pouvez-vous me montrer sur la carte ?

55. هنا؟ عن بعيد هذا هل (Hal hadha ba'id 'an huna?) - Est-ce loin d'ici ?

56. مباشرة (Mubashara) - Tout droit

57. يمين (Yamin) - À droite

58. يسار (Yasar) - À gauche

59. عند انعطف... (In'atif 'inda...) - Tournez à...

60. ضائع أنا (Ana da'i') - Je suis perdu

Urgences et santé

61. طبيب إلى أحتاج (Ahtaju ila tabib) - J'ai besoin d'un médecin

62. صيدلية؟ أقرب أين (Ayna aqrab saydaliya?) - Où est la pharmacie la plus proche ?

63. ...لـ دواء لديك هل؟ (Hal ladayka dawa' li...?) -

Avez-vous un médicament pour... ?

64. بالمرض أشعر (Ash'uru bil-marad) - Je me sens malade

65. مستشفى إلى أحتاج (Ahtaju ila mustashfa) - J'ai besoin d'un hôpital

66. بالإسعاف؟ الاتصال يمكنك هل (Hal yumkinuka al-ittisal bil-is'af?) - Pouvez-vous appeler une ambulance ?

67. للسرقة تعرضت (Ta'arradtu lis-sariqa) - J'ai été volé

68. شرطة؟ مركز أقرب أين (Ayna aqrab markaz shurta?) - Où est le poste de police le plus proche ?

69. الإنجليزية؟ تتحدث هل (Hal tatahaddath al-injliziya?) - Parlez-vous anglais ?

70. مساعدتي؟ يمكنك هل (Hal yumkinuka musa'adati?) - Pouvez-vous m'aider ?

Temps et météo

71. اليوم؟ الطقس هو ما (Ma huwa at-taqs al-yawm?) - Quel temps fait-il aujourd'hui ?

72. غدا؟ سيمطر هل (Hal sayumtir ghadan?) - Va-t-il pleuvoir demain ?

73. الحرارة؟ درجة كم (Kam darajat al-harara?) - Quelle est la température ?

74. جدا حار الجو (Al-jaww har jiddan) - Il fait très chaud

75. بارد الجو (Al-jaww barid) - Il fait froid

76. تمطر إنها (Innaha tumtir) - Il pleut

77. لاحقا؟ الشمس ستشرق هل (Hal satushriqu ash-shams lahiqan?) - Le soleil va-t-il briller plus tard ?

78. الشمس؟ غروب متى (Mata ghurub ash-shams?) - À

quelle heure est le coucher du soleil ?

79. هل أحتاج إلى مظلة؟ (Hal ahtaju ila midhalla?) - Ai-je besoin d'un parapluie ?

80. الجو لطيف اليوم (Al-jaww latif al-yawm) - Le temps est agréable aujourd'hui

Culture et loisirs

81. ما هي أهم المعالم السياحية هنا؟ (Ma hiya ahamm al-ma'alim as-siyahiya huna?) - Quels sont les principaux sites touristiques ici ?

82. متى يفتح المتحف؟ (Mata yaftah al-mathaf?) - Quand le musée ouvre-t-il ?

83. هل هناك جولة بالإنجليزية؟ (Hal hunak jawla bil-injliziya?) - Y a-t-il une visite guidée en anglais ?

84. كم تكلفة التذكرة؟ (Kam tuklifat at-tadhkira?) - Combien coûte le billet ?

85. هل هناك خصم للطلاب؟ (Hal hunak khasm lit-tullab?) - Y a-t-il une réduction pour les étudiants ?

86. أين يمكنني حجز تذاكر للحفل الموسيقي؟ (Ayna yumkinuni hajz tadhakir lil-hafl al-musiqi?) - Où puis-je réserver des billets pour le concert ?

87. هل يمكنني التقاط صور هنا؟ (Hal yumkinuni iltiqat suwar huna?) - Puis-je prendre des photos ici ?

88. ما هي الأطباق المحلية الشهيرة؟ (Ma hiya al-atbaq al-mahalliya ash-shahira?) - Quels sont les plats locaux célèbres ?

89. هل هناك مهرجانات قادمة؟ (Hal hunak mahraanat

qadima?) - Y a-t-il des festivals à venir ?

90. أين أفضل مكان لمشاهدة غروب الشمس؟ (Ayna afdal makan li-mushahadat ghurub ash-shams?) - Quel est le meilleur endroit pour voir le coucher du soleil ?

Expressions utiles diverses

91. لا أفهم (La afham) - Je ne comprends pas

92. هل يمكنك التحدث ببطء؟ (Hal yumkinuka at-tahadduth bibot'?) - Pouvez-vous parler plus lentement ?

93. هل يمكنك تكرار ذلك؟ (Hal yumkinuka tikrar dhalik?)

94. كيف تقول ... بالعربية؟ (Kayfa taqul ... bil-'arabiya?) - Comment dit-on ... en arabe ?

95. ما معنى هذا؟ (Ma ma'na hadha?) - Que signifie ceci ?

96. هل يمكنك كتابة ذلك؟ (Hal yumkinuka kitabat dhalik?) - Pouvez-vous écrire cela ?

97. أنا لا أتحدث العربية جيدًا (Ana la atahaddath al-'arabiya jayyidan) - Je ne parle pas bien l'arabe

98. هل تتحدث الفرنسية؟ (Hal tatahaddath al-faransiya?) - Parlez-vous français ?

99. أحتاج إلى مترجم (Ahtaju ila mutarjim) - J'ai besoin d'un interprète

100. هل يمكنك التقاط صورة لي؟ (Hal yumkinuka iltiqat sura li?) - Pouvez-vous prendre une photo de moi ?

Au téléphone et communication

101. هل يمكنني استخدام هاتفك؟ (Hal yumkinuni istikhdam hatifik?) - Puis-

je utiliser votre téléphone ?

102. بطاقة شراء إلى أحتاج SIM (Ahtaju ila shira' bitaqat SIM) - J'ai besoin d'acheter une carte SIM

103. الاتصال يمكنني كيف بالخارج؟ (Kayfa yumkinuni al-ittisal bil-kharij?) - Comment puis-je passer un appel international ?

104. على الحصول يمكنني أين خدمة الإنترنت؟ (Ayna yumkinuni al-husul 'ala khidmat al-internet?) - Où puis-je obtenir un service Internet ?

105. فاي واي لديكم هل مجاني؟ (Hal ladaykum way fay majjani?) - Avez-vous du Wi-Fi gratuit ?

Activités et loisirs

106. استئجار يمكنني أين دراجة؟ (Ayna yumkinuni isti'jar darrajah?) - Où puis-je louer un vélo ?

107. قريب؟ شاطئ هناك هل (Hal hunak shati' qarib?) - Y a-t-il une plage à proximité ?

108. للتسوق؟ مكان أفضل أين (Ayna afdal makan lit-tasawwuq?) - Quel est le meilleur endroit pour faire du shopping ?

109. موسيقية حفلات هناك هل الليلة؟ (Hal hunak hafalat musiqiya al-layla?) - Y a-t-il des concerts ce soir ?

110. مشاهدة يمكنني أين عرض تقليدي؟ (Ayna yumkinuni mushahadat 'ard taqlidi?) - Où puis-je voir un spectacle traditionnel ?

Transports publics

111. الحافلات؟ موقف أين (Ayna mawqif al-hafilat?) - Où est l'arrêt de bus ?

112. القادمة؟ الحافلة تصل متى (Mata tasil al-hafila al-qadima?) - Quand arrive le prochain bus ?

113. تذهب الحافلة هذه هل ؟...إلى (Hal hadhihi al-hafila tadhhab ila...?) - Ce bus va-t-il à... ?

114. تذكرة؟ شراء يمكنني أين (Ayna yumkinuni shira' tadhkira?) - Où puis-je acheter un billet ?

115. أيام؟ لعدة تذكرة هناك هل (Hal hunak tadhkira li'iddat ayyam?) - Y a-t-il un pass pour plusieurs jours ?

À la banque

116. بنك؟ أقرب أين (Ayna aqrab bank?) - Où est la banque la plus proche ?

117. نقود سحب يمكنني هل هنا؟ (Hal yumkinuni sahb nuqud huna?) - Puis-je retirer de l'argent ici ?

118. السحب؟ رسوم هي ما (Ma hiya rusum as-sahb?) - Quels sont les frais de retrait ?

119. السفر؟ بطاقات تقبلون هل (Hal taqbalun bitaqat as-safar?) - Acceptez-vous les cartes de voyage ?

120. شيك صرف إلى أحتاج سياحي (Ahtaju ila sarf shayk siyahi) - J'ai besoin d'encaisser un chèque de voyage

Situations d'urgence

121. المساعدة! إلى أحتاج (Ahtaju ila al-musa'ada!) - J'ai besoin d'aide !

122. النجدة! (An-najda!) - Au secours !

123. حريق! هناك (Hunaka hariq!) - Il y a un incendie !

124. فرنسية؟ سفارة أقرب أين (Ayna aqrab safara faransiya?) - Où est l'ambassade française la plus proche ?

125. سفري جواز فقدت (Faqadtu jawaz safari) - J'ai perdu mon passeport

Achats et souvenirs

126. على الحصول يمكنني هل خصم؟ (Hal yumkinuni al-husul 'ala khasm?) - Puis-je avoir une réduction ?

127. يدويًا؟ مصنوع هذا هل (Hal hadha masnu' yadawiyan?) - Est-ce fait à la main ?

128. إذا هذا إرجاع يمكنني هل لم يعجبني؟ (Hal yumkinuni irja' hadha idha lam yu'jibni?) - Puis-je le retourner si je n'aime pas ?

129. أخرى؟ مقاسات لديكم هل (Hal ladaykum maqasat ukhra?) - Avez-vous d'autres tailles ?

130. تذكارية هدية عن أبحث (Abhathu 'an hadiya tadhkariya) - Je cherche un souvenir

À la poste

131. البريد؟ مكتب أين (Ayna maktab al-barid?) - Où est le bureau de poste ?

132. بريدية بطاقة إرسال أريد (Uridu irsal bitaqa baridiya) - Je veux envoyer une carte postale

133. إلى هذا إرسال يكلف كم فرنسا؟ (Kam yukallifu irsal hadha ila Faransa?) - Combien coûte l'envoi de ceci en France ?

134. طوابع شراء يمكنني هل هنا؟ (Hal yumkinuni shira' tawabi' huna?) - Puis-je acheter des timbres ici ?

135. الرسالة؟ ستصل متى (Mata tasil ar-risala?) - Quand la lettre arrivera-t-elle ?

Réservations et planification

136. طاولة؟ حجز يمكنني هل (Hal yumkinuni hajz tawila?) - Puis-je réserver une table ?

137. ...إلى رحلة حجز أريد (Uridu hajz rihla ila...) - Je veux réserver un voyage à...

138. منظمة؟ رحلات هناك هل (Hal hunak rihlat munadhdhama?) - Y a-t-il des excursions organisées ?

139. العمل؟ ساعات هي ما (Ma hiya sa'at al-'amal?) - Quelles sont les heures d'ouverture ?

140. للحجز متوفرة التذاكر هل الإنترنت؟ عبر (Hal at-tadhakir mutawaffira lil-hajz 'abr al-internet?) - Les billets sont-ils disponibles pour la réservation en ligne ?

Expressions de temps

141. اليوم (Al-yawm) - Aujourd'hui

142. غدًا (Ghadan) - Demain

143. أمس (Ams) - Hier

144. القادم الأسبوع (Al-usbu' al-qadim) - La semaine prochaine

145. الماضي الشهر (Ash-shahr al-madi) - Le mois dernier

146. Nombres et quantités

147. ثلاثة ،اثنان ،واحد (Wahid, ithnan, thalatha) - Un, deux, trois

148. ؟...عدد كم (Kam 'adad...?) - Combien de... ?

149. هذا من اثنين أريد (Uridu ithnain min hadha) - Je veux deux de ceci

150. نصف (Nisf) - Moitié

151. شيء كل (Kul shay') - Tout

Expressions culturelles

152. الله شاء ما (Masha' Allah) - Que Dieu bénisse (expression d'admiration)

153. الله شاء إن (In sha' Allah) - Si Dieu le veut

154. لله الحمد (Al-hamdu lillah) - Dieu merci

155. الله بسم (Bismillah) - Au nom de Dieu

156. سلام يا (Ya salam) - Oh là là ! (expression de surprise ou d'admiration)

Expressions de base pour les repas

157. طيبة شهية (Shahiya tayyiba) - Bon appétit

158. صحتك على (Ala sihhatak) - À votre santé

159. لذيذ الطعام (At-ta'am ladhidh) - La nourriture est délicieuse

160. على الحصول يمكنني هل المزيد؟ (Hal yumkinuni al-husul 'ala al-mazid?) - Puis-je en avoir plus ?

161. شبعان أنا (Ana shab'an) - Je suis rassasié

Expressions de courtoisie

162. إذنك بعد من (Min ba'd idhnik) - Excusez-moi (pour passer)

163. تفضل (Tafaddal) - Je vous en prie / Allez-y

164. بكل سرور (Bikul surur) - Avec plaisir

165. لا داعي للشكر (La da'i lish-shukr) - Il n'y a pas de quoi

166. أتمنى لك يومًا سعيدًا (Atamanna laka yawman sa'idan) - Je vous souhaite une bonne journée

Expressions pour les fêtes et célébrations

167. عيد ميلاد سعيد (Eid milad sa'id) - Joyeux anniversaire

168. عيد مبارك (Eid mubarak) - Bonne fête

169. سنة جديدة سعيدة (Sana jadida sa'ida) - Bonne année

170. تهانينا (Tahanina) - Félicitations

171. أتمنى لك التوفيق (Atamanna laka at-tawfiq) - Je vous souhaite bonne chance

172. لا مشكلة (La mushkila) - Pas de problème

173. كما تريد (Kama turid) - Comme vous voulez

174. لا أعرف (La a'rif) - Je ne sais pas

175. ربما (Rubbama) - Peut-être

176. بالتأكيد (Bit-ta'kid) - Certainement

177. هذا جميل (Hadha jamil) - C'est beau

178. أنا موافق (Ana muwafiq) - Je suis d'accord

179. أوافق لا أنا (Ana la uwafiq) - Je ne suis pas d'accord

180. المساعدة؟ يمكنك هل (Hal yumkinuka al-musa'ada?) - Pouvez-vous aider ?

181. بلقائك سعيد أنا (Ana sa'id biliqa'ik) - Je suis heureux de vous rencontrer

182. رأيك؟ ما (Ma ra'yuk?) - Qu'en pensez-vous ?

183. مهم هذا (Hadha muhim) - C'est important

184. تقلق لا (La taqlaq) - Ne vous inquiétez pas

185. وقتك خذ (Khudh waqtak) - Prenez votre temps

186. متأكد؟ أنت هل (Hal anta muta'akkid?) - Êtes-vous sûr ?

187. متعب أنا (Ana mut'ab) - Je suis fatigué

188. جائع أنا (Ana ja'i') - J'ai faim

189. عطشان أنا (Ana 'atshan) - J'ai soif

190. سعيد أنا (Ana sa'id) - Je suis heureux

191. ذلك لسماع آسف أنا (Ana asif lisama' dhalik) - Je suis désolé d'entendre ça

192. عادل غير هذا (Hadha ghayr 'adil) - Ce n'est pas juste

193. بأس لا (La ba's) - Ça va

194. حذرًا كن (Kun hadhiran) - Soyez prudent

195. سعيدًا حظًا (Hadhan sa'idan) - Bonne chance

196. اعتنِ بنفسك (I'tani binafsik) - Prenez soin de vous

197. أين الحمام؟ (Ayna al-hammam?) - Où sont les toilettes ?

198. هل هناك مكان لتخزين الأمتعة؟ (Hal hunak makan litakhzin al-amti'a?) - Y a-t-il un endroit pour stocker les bagages ?

199. هل يمكنني استخدام هاتفك؟ (Hal yumkinuni istikhdam hatifik?) - Puis-je utiliser votre téléphone ?

200. هل تقبلون بطاقات الائتم

📖 ✦ ✦ ✦ ✦ ✦ ✦ 🌍

Partie VII : 200 expressions courantes dans le monde professionnel

Salutations et présentations professionnelles

1. مرحباً بكم في شركتنا (Marhaban bikum fi sharikatina) - Bienvenue dans notre entreprise
2. يسعدني التعرف عليك (Yus'iduni at-ta'arruf 'alayk) - Ravi de faire votre connaissance
3. دعني أقدم لك زميلي (Da'ni uqaddim laka zamili) - Permettez-moi de vous présenter mon collègue
4. أنا المدير التنفيذي (Ana al-mudir at-tanfidhi) - Je suis le directeur exécutif
5. ما هو منصبك في الشركة؟ (Ma huwa mansibuka fi ash-sharika?) - Quel est votre poste dans l'entreprise ?

Communication au bureau

6. هل يمكننا تحديد موعد للاجتماع؟ (Hal yumkinuna tahdid maw'id lil-ijtima'?) - Pouvons-nous fixer une date pour la réunion ?

7. أرسلت لك بريداً إلكترونياً (Arsaltu laka baridan electroniyan) - Je vous ai envoyé un e-mail

8. هل يمكنك إرسال التقرير بحلول نهاية اليوم؟ (Hal yumkinuka irsal at-taqrir bihlul nihayat al-yawm?) - Pouvez-vous envoyer le rapport d'ici la fin de la journée ?

9. دعنا نناقش هذا في الاجتماع القادم (Da'na nunaqish hadha fil-ijtima' al-qadim) - Discutons-en lors de la prochaine réunion

10. هل لديك أي أسئلة؟ (Hal ladayka ayy as'ila?) - Avez-vous des questions ?

Gestion de projet

11. ما هو الموعد النهائي لهذا المشروع؟ (Ma huwa al-maw'id an-niha'i li-hadha al-mashru'?) - Quelle est la date limite pour ce projet ?

12. نحتاج إلى تحديد أولويات مهامنا (Nahtaju ila tahdid awlawiyat mahamina) - Nous devons prioriser nos tâches

13. دعونا نراجع خطة العمل (Da'una nuraji' khittat al-'amal) - Revoyons le plan d'action

14. هل نحن ملتزمون بالجدول الزمني؟ (Hal nahnu multazimun bil-jadwal az-zamani?) - Sommes-nous dans les temps ?

15. ما هي الموارد المتاحة لدينا؟ (Ma hiya al-mawarid al-mutaha ladayna?) - Quelles sont les ressources dont nous disposons ?

Réunions et présentations

16. دعونا نبدأ الاجتماع (Da'una nabda' al-ijtima') - Commençons la réunion

17. هل يمكنك تقديم عرض موجز؟ (Hal yumkinuka taqdim 'ard mujaz?) - Pouvez-vous faire une brève présentation ?

18. لدي بعض النقاط التي أود طرحها (Ladayya ba'd an-niqat allati awaddu tarha'ha) - J'ai quelques points que je voudrais soulever

19. هل يمكننا الانتقال إلى النقطة التالية؟ (Hal yumkinuna al-intiqal ila an-nuqta at-taliya?) - Pouvons-nous passer au point suivant ?

20. شكراً على مشاركتكم الفعالة (Shukran 'ala musharakatikum al-fa''ala) - Merci pour votre participation active

Négociations et ventes

21. ما هي شروط الدفع؟ (Ma hiya shurut ad-daf'?) - Quelles sont les conditions de paiement ?

22. هل يمكننا التفاوض على السعر؟ (Hal yumkinuna at-tafawud 'ala as-si'r?) - Pouvons-nous négocier le prix ?

23. نحن نقدم خصماً للطلبات الكبيرة (Nahnu nuqaddim khasman lit-talabat al-kabira) - Nous offrons une remise pour les grandes commandes

24. ما هي مدة صلاحية هذا العرض؟ (Ma hiya muddat salahiyat hadha al-'ard?) - Quelle est la durée de validité de cette offre ?

25. دعونا نصل إلى اتفاق مربح للطرفين (Da'una nasil ila ittifaq murbih lit-tarafayn) - Trouvons un accord gagnant-gagnant

Ressources humaines et recrutement

26. هل يمكنك إرسال سيرتك الذاتية؟ (Hal yumkinuka irsal siratika adh-dhatiya?) - Pouvez-vous envoyer votre CV ?

27. متى يمكنك بدء العمل؟ (Mata yumkinuka bad' al-'amal?) - Quand pouvez-vous commencer à travailler ?

28. ما هي توقعاتك بخصوص الراتب؟ (Ma hiya tawaqqu'atuka bikhusus ar-ratib?) - Quelles sont vos attentes salariales ?

29. نحن نقدم تدريباً شاملاً لموظفينا الجدد (Nahnu nuqaddim

tadribanshamilanlimuwazzaf inaaljudud) - Nous offrons une formation complète à nos nouveaux employés

30. المجال؟ هذا في سابقة خبرة أي لديك هل (Hal ladayka ayy khibra sabiqa fi hadha al-majal?) - Avez-vous une expérience antérieure dans ce domaine ?

Finance et comptabilité

31. الربع؟ لهذا المبيعات إجمالي هو ما (Ma huwa ijmali al-mabi'at li-hadha ar-rub'?) - Quel est le chiffre d'affaires total pour ce trimestre ?

32. السنوية؟ الميزانية إعداد تم هل (Hal tamma i'dad al-mizaniya as-sanawiya?) - Le budget annuel a-t-il été préparé ?

33. النفقات تقليل إلى نحتاج (Nahtaju ila taqlil an-nafaqat) - Nous devons réduire les dépenses

34. المالي؟ التقرير إصدار سيتم متى (Mata sayatimm isdar at-taqrir al-mali?) - Quand le rapport financier sera-t-il publié ?

35. المستحقة؟ الفواتير جميع سداد تم هل (Hal tamma sadad jami' al-fawatir al-mustahaqa?) - Toutes les factures dues ont-elles été payées ?

Marketing et relations publiques

36. المنتج؟ لهذا التسويقية استراتيجيتنا هي ما (Ma hiya istratijiyatuna at-taswiqiya li-hadha al-muntaj?) - Quelle est notre stratégie marketing pour ce produit ?

37. وسائل على حضورنا زيادة يمكننا هل الاجتماعي؟ التواصل (Hal yumkinuna ziyadat hudurina 'ala wasa'il at-tawasul al-ijtima'i?) - Pouvons-nous augmenter notre présence sur les réseaux sociaux ?

38. صحفي بيان إعداد إلى نحتاج (Nahtaju ila i'dad bayan sahafi) - Nous devons préparer un communiqué de presse

39. الحملة؟ لهذه المستهدفة الفئة هي ما (Ma hiya al-fi'a al-mustahdafa li-hadhihi al-hamla?) - Quel est

le public cible pour cette campagne ?

40. دعونا نقيس فعالية إعلاناتنا (Da'una naqis fa''aliyat i'lanatina) - Mesurons l'efficacité de nos publicités

Service client

41. كيف يمكنني مساعدتك اليوم؟ (Kayfa yumkinuni musa'adatuka al-yawm?) - Comment puis-je vous aider aujourd'hui ?

42. نعتذر عن أي إزعاج قد سببناه لكم (Na'tadhiru 'an ayy iz'aj qad sababnahu lakum) - Nous nous excusons pour tout inconvénient que nous aurions pu vous causer

43. سنتابع شكواكم على الفور (Sanutabi' shakwakum 'ala al-fawr) - Nous allons suivre votre plainte immédiatement

44. هل أنت راضٍ عن خدماتنا؟ (Hal anta radin 'an khadamatina?) - Êtes-vous satisfait de nos services ?

45. نقدر ملاحظاتكم وسنعمل على التحسين (Nuqaddiru mulahazatikum wa sana'malu 'ala at-tahsin) - Nous apprécions vos commentaires et nous travaillerons à nous améliorer

Technologie de l'information

46. هل واجهت أي مشاكل تقنية؟ (Hal wajahta ayy mashakil tiqniya?) - Avez-vous rencontré des problèmes techniques ?

47. سنقوم بتحديث النظام هذا المساء (Sanaqumu bi-tahdith an-nizam hadha al-masa') - Nous allons mettre à jour le système ce soir

48. تأكد من تغيير كلمة المرور الخاصة بك بانتظام (Ta'akkad min taghyir kalimat al-murur al-khassa bika bi-intizam) - Assurez-vous de changer régulièrement votre mot de passe

49. هل تحتاج إلى أي تدريب على البرنامج الجديد؟ (Hal tahtaju ila ayy tadrib 'ala al-barnamij al-jadid?) - Avez-vous besoin

d'une formation sur le nouveau logiciel ?

50. نعمل على تحسين أمن البيانات (Na'malu 'ala tahsin amn al-bayanat) - Nous travaillons à améliorer la sécurité des données

Gestion et leadership

51. ما هي رؤيتك للشركة؟ (Ma hiya ru'yatuka lish-sharika?) - Quelle est votre vision pour l'entreprise ?

52. دعونا نحدد أهدافاً واقعية (Da'una nuhaddid ahdafan waqi'iya) - Fixons des objectifs réalistes

53. أشجع العمل الجماعي والتعاون (Ushajji' al-'amal al-jama'i wat-ta'awun) - J'encourage le travail d'équipe et la collaboration

54. نحتاج إلى تحسين كفاءة عملياتنا (Nahtaju ila tahsin kafa'at 'amaliyatina) - Nous devons améliorer l'efficacité de nos opérations

55. كيف يمكننا تحفيز الموظفين بشكل أفضل؟ (Kayfa yumkinuna tahfiz al-muwazzafin bishakl afdal?) - Comment pouvons-nous mieux motiver les employés ?

Développement professionnel

56. هل هناك فرص للترقية؟ (Hal hunaka furas lit-tarqiya?) - Y a-t-il des opportunités de promotion ?

57. أود المشاركة في دورة تدريبية (Awaddu al-musharaka fi dawra tadribiya) - J'aimerais participer à une formation

58. ما هي المهارات المطلوبة لهذا المنصب؟ (Ma hiya al-maharat al-matluba li-hadha al-mansib?) - Quelles sont les compétences requises pour ce poste ?

59. هل تقدمون برامج تطوير للموظفين؟ (Hal tuqaddimun baramij tatwir lil-muwazzafin?) - Offrez-vous des programmes de développement pour les employés ?

60. أسعى لتحسين مهاراتي القيادية (As'a li-tahsin maharati al-qiyadiya) - Je cherche à améliorer mes compétences en leadership

Éthique professionnelle

61. نلتزم بأعلى معايير النزاهة (Naltazimu bi-a'la ma'ayir an-nazaha) - Nous adhérons aux plus hautes normes d'intégrité

62. يجب الإبلاغ عن أي تضارب في المصالح (Yajibu al-iblagh 'an ayy tadarub fil-masalih) - Tout conflit d'intérêts doit être signalé

63. نحترم خصوصية عملائنا (Nahtarimu khususiyat 'umala'ina) - Nous respectons la confidentialité de nos clients

64. لدينا سياسة صارمة ضد التمييز (Ladayna siyasa sarima didda at-tamyiz) - Nous avons une politique stricte contre la discrimination

65. نشجع على الإبلاغ عن أي سلوك غير أخلاقي (Nushajji' 'ala al-iblagh 'an ayy suluk ghayr akhlaqi) - Nous encourageons le signalement de tout comportement non éthique

Résolution de problèmes

66. دعونا نحدد المشكلة بوضوح (Da'una nuhaddid al-mushkila bi-wuduh) - Définissons clairement le problème

67. ما هي الحلول الممكنة؟ (Ma hiya al-hulul al-mumkina?) - Quelles sont les solutions possibles ?

68. دعونا نحلل الأسباب الجذرية (Da'una nuhallil al-asbab al-jadhriya) - Analysons les causes profondes

69. نحتاج إلى اتخاذ إجراء تصحيحي (Nahtaju ila ittikhath ijra' tashihi) - Nous devons prendre une action corrective

70. هل يمكننا منع حدوث هذه المشكلة مستقبلاً؟ (Hal yumkinuna man' huduth hadhihi al-mushkila mustaqbalan?) - Pouvons-

nous empêcher ce problème de se reproduire à l'avenir ?

Gestion du temps

71. دعونا نحدد أولويات مهامنا (Da'una nuhaddid awlawiyat mahamina) - Priorisons nos tâches

72. هل يمكننا تأجيل هذا الاجتماع؟ (Hal yumkinuna ta'jil hadha al-ijtima'?) - Pouvons-nous reporter cette réunion ?

73. نحتاج إلى تحسين إدارة وقتنا (Nahtaju ila tahsin idarat waqtina) - Nous devons améliorer notre gestion du temps

74. هل يمكنك الالتزام بهذا الموعد النهائي؟ (Hal yumkinuka al-iltizam bihadha al-maw'id an-niha'i?) - Pouvez-vous respecter cette échéance ?

75. دعونا نضع جدولاً زمنياً واقعياً (Da'una nada' jadwalan zamaniyyan waqi'iyyan) - Établissons un calendrier réaliste

Innovation et créativité

76. نحتاج إلى أفكار جديدة (Nahtaju ila afkar jadida) - Nous avons besoin de nouvelles idées

77. دعونا نفكر خارج الصندوق (Da'una nufakkir kharij as-sunduq) - Pensons hors des sentiers battus

78. هل يمكننا تحسين هذه العملية؟ (Hal yumkinuna tahsin hadhihi al-'amaliyya?) - Pouvons-nous améliorer ce processus ?

79. ما رأيك في هذا الاقتراح المبتكر؟ (Ma ra'yuka fi hadha al-iqtirah al-mubtakar?) - Que pensez-vous de cette proposition innovante ?

80. نشجع الإبداع في فريقنا (Nushajji' al-ibda' fi fariqina) - Nous encourageons la créativité dans notre équipe

Feedback et évaluation

81. أود أن أقدم لك بعض الملاحظات (Awaddu an uqaddima laka ba'd al-mulahazat) - J'aimerais vous donner quelques retours

82. لديك؟ والضعف القوة نقاط هي ما (Ma hiya niqat al-quwwa wad-da'f ladayk?) - Quels sont vos points forts et vos points faibles ?

83. سنوية أداء تقييمات بإجراء نقوم (Naqumu bi-ijra' taqyimat ada' sanawiya) - Nous effectuons des évaluations de performance annuelles

84. أدائنا؟ تحسين يمكننا كيف (Kayfa yumkinuna tahsin ada'ina?) - Comment pouvons-nous améliorer nos performances ?

85. المشروع هذا في جهودك نقدر (Nuqaddiru juhodaka fi hadha al-mashru') - Nous apprécions vos efforts dans ce projet

Négociation et résolution de conflits

86. وسطاً حلاً نجد دعونا (Da'una najid hallan wasatan) - Trouvons un compromis

87. هذه في الرئيسية مصالحك هي ما المسألة؟ (Ma hiya masalihuka ar-ra'isiya fi hadhihi al-mas'ala?) - Quels sont vos principaux intérêts dans cette question ?

88. اتفاق؟ إلى التوصل يمكننا هل (Hal yumkinuna at-tawassul ila ittifaq?) - Pouvons-nous parvenir à un accord ?

89. المشتركة المصالح على نركز دعونا (Da'una nurakkiz 'ala al-masalih al-mushtaraka) - Concentrons-nous sur les intérêts communs

90. بناء بشكل الخلاف هذا حل إلى نحتاج (Nahtaju ila hall hadha al-khilaf bishakl banna') - Nous devons résoudre ce différend de manière constructive

Gestion des risques

91. المحتملة؟ المخاطر هي ما (Ma hiya al-makhatir al-muhtamala?) - Quels sont les risques potentiels ?

92. المخاطر؟ هذه تخفيف يمكننا كيف (Kayfa yumkinuna takhfif hadhihi al-makhatir?) -

Comment pouvons-nous atténuer ces risques ?

93. هل لدينا خطة للطوارئ؟ (Hal ladayna khutta lit-tawari'?) - Avons-nous un plan d'urgence ?

94. نحتاج إلى تقييم المخاطر بانتظام (Nahtaju ila taqyim al-makhatir bi-intizam) - Nous devons évaluer régulièrement les risques

95. ما هو تأثير هذا القرار على الشركة؟ (Ma huwa ta'thir hadha al-qarar 'ala ash-sharika?) - Quel est l'impact de cette décision sur l'entreprise ?

Développement durable et responsabilité sociale

96. نلتزم بممارسات الأعمال المستدامة (Naltazimu bi-mumarasat al-a'mal al-mustadama) - Nous nous engageons dans des pratiques commerciales durables

97. كيف يمكننا تقليل بصمتنا الكربونية؟ (Kayfa yumkinuna taqlil basmatina al-karboniya?) - Comment pouvons-nous réduire notre empreinte carbone ?

98. لدينا مبادرات للمسؤولية الاجتماعية للشركات (Ladayna mubadaratlil-mas'uliyaal-ijtima'iyya lish-sharikat) - Nous avons des initiatives de responsabilité sociale d'entreprise

99. نسعى لتحقيق التوازن بين الربح والمسؤولية الاجتماعية (Nas'a li-tahqiq at-tawazun bayna ar-ribh wal-mas'uliya al-ijtima'iya) - Nous cherchons à équilibrer profit et responsabilité sociale

100. كيف يمكننا المساهمة في مجتمعنا المحلي؟ (Kayfa yumkinuna al-musahama fi mujtama'ina al-mahalli?) - Comment pouvons-nous contribuer à notre communauté locale ?

Communication interculturelle

101. نحترم التنوع الثقافي في مكان العمل (Nahtarimu at-tanawwu' ath-thaqafi fi makan al-'amal) -

Nous respectons la diversité culturelle sur le lieu de travail

102. هل هناك اختلافات ثقافية يجب أن نكون على دراية بها؟ (Hal hunak ikhtilafat thaqafiya yajibu an nakuna 'ala diraya biha?) - Y a-t-il des différences culturelles dont nous devrions être conscients ?

103. نسعى لتعزيز التفاهم بين الثقافات (Nas'a li-ta'ziz at-tafahum bayna ath-thaqafat) - Nous cherchons à promouvoir la compréhension interculturelle

104. هل يمكنك شرح هذا المفهوم في سياق ثقافتك؟ (Hal yumkinuka sharh hadha al-mafhum fi siyaq thaqafatik?) - Pouvez-vous expliquer ce concept dans le contexte de votre culture ?

105. نحتاج إلى مراعاة الحساسيات الثقافية في اتصالاتنا (Nahtaju ila mura'at al-hasasiyat ath-thaqafiya fi ittisalatina) - Nous devons tenir compte des sensibilités culturelles dans nos communications

Gestion de la qualité

106. نسعى دائماً لتحسين جودة منتجاتنا (Nas'a da'iman li-tahsin jawdat muntajatina) - Nous cherchons toujours à améliorer la qualité de nos produits

107. هل تم إجراء فحوصات الجودة؟ (Hal tamma ijra' fuhusat al-jawda?) - Les contrôles de qualité ont-ils été effectués ?

108. نحتاج إلى الالتزام بمعايير الجودة الدولية (Nahtaju ila al-iltizam bi-ma'ayir al-jawda ad-dawliya) - Nous devons adhérer aux normes de qualité internationales

109. ما هي إجراءات ضمان الجودة لدينا؟ (Ma hiya ijra'at daman al-jawda ladayna?) - Quelles sont nos procédures d'assurance qualité ?

110. كيف يمكننا تقليل نسبة العيوب في الإنتاج؟ (Kayfa yumkinuna taqlil nisbat al-'uyub fil-intaj?) - Comment pouvons-nous réduire le taux de défauts dans la production ?

Gestion de la chaîne d'approvisionnement

111. نحتاج إلى تحسين كفاءة سلسلة التوريد (Nahtaju ila tahsin kafa'at silsilat at-tawrid) - Nous devons améliorer l'efficacité de la chaîne d'approvisionnement

112. هل يمكننا تقليل وقت التسليم؟ (Hal yumkinuna taqlil waqt at-taslim?) - Pouvons-nous réduire le délai de livraison ?

113. ما هي استراتيجيتنا لإدارة المخزون؟ (Ma hiya istratijiyatuna li-idarat al-makhzun?) - Quelle est notre stratégie de gestion des stocks ?

114. هل لدينا موردين بديلين؟ (Hal ladayna muwariddin badiliin?) - Avons-nous des fournisseurs alternatifs ?

115. كيف يمكننا تحسين التنسيق مع شركائنا في سلسلة التوريد؟ (Kayfa yumkinuna tahsin at-tansiq ma'a shuraka'ina fi silsilat at-tawrid?) - Comment pouvons-nous améliorer la coordination avec nos partenaires de la chaîne d'approvisionnement ?

Gestion de crise

116. نحتاج إلى خطة لإدارة الأزمات (Nahtaju ila khutta li-idarat al-azamat) - Nous avons besoin d'un plan de gestion de crise

117. ما هي الخطوات الفورية التي يجب اتخاذها؟ (Ma hiya al-khutuwat al-fawriya allati yajibu itikhadhuha?) - Quelles sont les mesures immédiates à prendre ?

118. كيف نتواصل مع أصحاب المصلحة خلال الأزمة؟ (Kayfa natawasalu ma'a ashab al-maslaha khilal al-azma?) - Comment communiquons-nous avec les parties prenantes pendant la crise ?

119. هل لدينا فريق مخصص لإدارة الأزمات؟ (Hal ladayna fariq mukhassas li-idarat al-azamat?) - Avons-nous une équipe dédiée à la gestion de crise ?

120. كيف نستعيد ثقة العملاء بعد الأزمة؟ (Kayfa nasta'idu thiqat al-'umala' ba'd al-azma?) - Comment rétablissons-nous la confiance des clients après la crise ?

Gestion du changement

121. نحتاج إلى إدارة عملية التغيير بفعالية (Nahtaju ila idarat 'amaliyat at-taghyir bi-fa"aliya) - Nous devons gérer efficacement le processus de changement

122. كيف نتغلب على مقاومة التغيير؟ (Kayfa nataghalabu 'ala muqawamat at-taghyir?) - Comment surmontons-nous la résistance au changement ?

123. ما هي فوائد هذا التغيير للشركة؟ (Ma hiya fawa'id hadha at-taghyir lish-sharika?) - Quels sont les avantages de ce changement pour l'entreprise ?

124. هل تم إعداد خطة تنفيذ للتغيير؟ (Hal tamma i'dad khuttat tanfidh lit-taghyir?) - Un plan de mise en œuvre du changement a-t-il été préparé ?

125. كيف نضمن استدامة التغيير على المدى الطويل؟ (Kayfa nadmanu istidamat at-taghyir 'ala al-mada at-tawil?) - Comment assurons-nous la durabilité du changement à long terme ?

Développement de produits

126. ما هي احتياجات السوق الحالية؟ (Ma hiya ihtiyajat as-suq al-haliya?) - Quels sont les besoins

127. ما هي احتياجات السوق الحالية؟ (Ma hiya ihtiyajat as-suq al-haliya?) - Quels sont les besoins actuels du marché ?

128. هل أجرينا اختبارات كافية للمنتج الجديد؟ (Hal ajrayna ikhtibarat kafiya lil-muntaj al-jadid?) - Avons-nous effectué suffisamment de tests pour le nouveau produit ?

129. ما هي الميزات الفريدة لمنتجنا؟ (Ma hiya al-mizat al-farida li-muntajina?) - Quelles sont

les caractéristiques uniques de notre produit ?

130. المنتج؟ تطوير عملية تسريع يمكننا كيف (Kayfa yumkinuna tasri' 'amaliyat tatwir al-muntaj?) - Comment pouvons-nous accélérer le processus de développement du produit ?

131. لتعليقات وفقًا المنتج تعديل إلى نحتاج هل العملاء؟ (Hal nahtaju ila ta'dil al-muntaj wifqan li-ta'liqat al-'umala'?) - Devons-nous modifier le produit en fonction des commentaires des clients ?

Gestion des performances

132. لدينا؟ الرئيسية الأداء مؤشرات هي ما (Ma hiya mu'ashirat al-ada' ar-ra'isiya ladayna?) - Quels sont nos indicateurs de performance clés ?

133. أهدافنا؟ نحقق هل (Hal nuhaqqiq ahdafana?) - Atteignons-nous nos objectifs ?

134. الفريق؟ إنتاجية تحسين يمكننا كيف (Kayfa yumkinuna tahsin intajiyat al-fariq?) - Comment pouvons-nous améliorer la productivité de l'équipe ?

135. الأداء؟ لتقييم فعال نظام لدينا هل (Hal ladayna nidham fa''al li-taqyim al-ada'?) - Avons-nous un système efficace d'évaluation des performances ?

136. الخاصة الشخصي التطوير خطة هي ما بك؟ (Ma hiya khuttat at-tatwir ash-shakhsi al-khassa bik?) - Quel est votre plan de développement personnel ?

Gestion des connaissances

137. المؤسسة؟ داخل المعرفة نشارك كيف (Kayfa nusharik al-ma'rifa dakhil al-mu'assasa?) - Comment partageons-nous les connaissances au sein de l'organisation ?

138. الجيدة؟ للممارسات بيانات قاعدة لدينا هل (Hal ladayna qa'idat bayanat lil-mumarasat al-jayyida?) - Avons-nous une base de données des meilleures pratiques ?

139. كيف نحافظ على المعرفة عند مغادرة الموظفين؟ (Kayfa nuhafiz 'ala al-ma'rifa 'inda mughadarat al-muwazzafin?) - Comment préservons-nous les connaissances lorsque les employés partent ?

140. هل نستثمر بشكل كافٍ في التدريب والتطوير؟ (Hal nastathmir bishakl kafin fit-tadrib wat-tatwir?) - Investissons-nous suffisamment dans la formation et le développement ?

141. كيف نشجع ثقافة التعلم المستمر؟ (Kayfa nushajji' thaqafat at-ta'allum al-mustamirr?) - Comment encourageons-nous une culture d'apprentissage continu ?

Gestion des parties prenantes

142. من هم أصحاب المصلحة الرئيسيون في هذا المشروع؟ (Man hum ashab al-maslaha ar-ra'isiyun fi hadha al-mashru'?) - Qui sont les principales parties prenantes de ce projet ?

143. كيف نضمن رضا جميع الأطراف المعنية؟ (Kayfa nadman rida jami' al-atraf al-ma'niya?) - Comment assurons-nous la satisfaction de toutes les parties concernées ?

144. ما هي استراتيجيتنا للتواصل مع المساهمين؟ (Ma hiya istratijiyatuna lit-tawasul ma'a al-musahimin?) - Quelle est notre stratégie de communication avec les actionnaires ?

145. كيف نتعامل مع توقعات العملاء المتزايدة؟ (Kayfa nata'amal ma'a tawaqqu'at al-'umala' al-mutazayida?) - Comment gérons-nous les attentes croissantes des clients ?

146. هل نحتاج إلى مراجعة اتفاقيات الشراكة الحالية؟ (Hal nahtaju ila muraja'at ittifaqiyat ash-sharaka al-haliya?) - Devons-nous revoir nos accords de partenariat actuels ?

Innovation et transformation digitale

147. كيف نستفيد من التكنولوجيا لتحسين عملياتنا؟ (Kayfa nastafid min at-tiknulujya li-tahsin 'amaliyatina?) - Comment pouvons-nous utiliser la technologie pour améliorer nos processus ?

148. هل لدينا استراتيجية للتحول الرقمي؟ (Hal ladayna istratijiya lit-tahawwul ar-raqmi?) - Avons-nous une stratégie de transformation digitale ?

149. ما هي الفرص التي تقدمها الذكاء الاصطناعي لأعمالنا؟ (Ma hiya al-furas allati tuqaddimuha adh-dhaka' al-istina'i li-a'malina?) - Quelles opportunités l'intelligence artificielle offre-t-elle à notre entreprise ?

150. كيف نضمن أمن البيانات في العصر الرقمي؟ (Kayfa nadman amn al-bayanat fil-'asr ar-raqmi?) - Comment assurons-nous la sécurité des données à l'ère numérique ?

151. هل نحتاج إلى تدريب موظفينا على المهارات الرقمية الجديدة؟ (Hal nahtaju ila tadrib muwazzafina 'ala al-maharat ar-raqmiya al-jadida?) - Devons-nous former nos employés aux nouvelles compétences numériques ?

Gestion de la réputation

152. كيف نحافظ على سمعة الشركة؟ (Kayfa nuhafiz 'ala sum'at ash-sharika?) - Comment préservons-nous la réputation de l'entreprise ?

153. ما هي استراتيجيتنا للتعامل مع الأزمات الإعلامية؟ (Ma hiya istratijiyatuna lit-ta'amul ma'a al-azamat al-i'lamiya?) - Quelle est notre stratégie pour gérer les crises médiatiques ?

154. كيف نبني علاقات إيجابية مع وسائل الإعلام؟ (Kayfa nabni 'alaqat ijabiya ma'a wasa'il al-i'lam?) - Comment construisons-nous des relations positives avec les médias ?

155. هل نراقب ما يقال عن شركتنا على الإنترنت؟ (Hal nuraqib ma yuqal 'an sharikatina 'ala al-internet?) - Surveillons-nous

ce qui se dit sur notre entreprise en ligne ?

156. كيف نستجيب للتعليقات السلبية على وسائل التواصل الاجتماعي؟ (Kayfa nastajib lit-ta'liqat as-salbiya 'ala wasa'il at-tawasul al-ijtima'i?) - Comment répondons-nous aux commentaires négatifs sur les réseaux sociaux ?

Conformité et réglementation

157. هل نمتثل لجميع اللوائح المعمول بها؟ (Hal namtathil li-jami' al-lawa'ih al-ma'mul biha?) - Sommes-nous conformes à toutes les réglementations applicables ?

158. متى كان آخر تدقيق للامتثال؟ (Mata kana akhir tadqiq lil-imtithal?) - Quand a eu lieu le dernier audit de conformité ?

159. هل نحتاج إلى تحديث سياساتنا الداخلية؟ (Hal nahtaju ila tahdith siyasatina ad-dakhiliya?) - Devons-nous mettre à jour nos politiques internes ?

160. كيف نضمن حماية البيانات الشخصية؟ (Kayfa nadman himayat al-bayanat ash-shakhsiya?) - Comment assurons-nous la protection des données personnelles ?

161. هل جميع الموظفين على دراية بقواعد الامتثال؟ (Hal jami' al-muwazzafin 'ala diraya bi-qawa'id al-imtithal?) - Tous les employés sont-ils au courant des règles de conformité ?

Gestion des talents

162. كيف نجذب المواهب الأفضل؟ (Kayfa najdhib al-mawahib al-afdal?) - Comment attirons-nous les meilleurs talents ?

163. ما هي استراتيجيتنا للاحتفاظ بالموظفين الرئيسيين؟ (Ma hiya istratijiyatuna lil-ihtifaz bil-muwazzafin ar-ra'isiyin?) - Quelle est notre stratégie pour retenir les employés clés ?

164. هل لدينا خطة لتعاقب الموظفين في المناصب الرئيسية؟ (Hal ladayna khutta li-ta'aqub al-

muwazzafin fil-manasib ar-ra'isiya?) - Avons-nous un plan de succession pour les postes clés ?

165. كيف نطور القادة المستقبليين في الشركة؟ (Kayfa nutawwir al-qadat al-mustaqbaliyyin fish-sharika?) - Comment développons-nous les futurs leaders de l'entreprise ?

166. هل نوفر فرص تطوير مهني كافية لموظفينا؟ (Hal nuwaffir furas tatwir mihani kafiya li-muwazzafina?) - Offrons-nous suffisamment d'opportunités de développement professionnel à nos employés ?

Gestion des projets

167. ما هو الجدول الزمني للمشروع؟ (Ma huwa al-jadwal az-zamani lil-mashru'?) - Quel est le calendrier du projet ?

168. هل نحن ضمن الميزانية المحددة؟ (Hal nahnu dimna al-mizaniya al-muhaddada?) - Sommes-nous dans les limites du budget ?

169. ما هي المخاطر الرئيسية التي تواجه المشروع؟ (Ma hiya al-makhatir ar-ra'isiya allati tuwajjih al-mashru'?) - Quels sont les principaux risques auxquels le projet est confronté ?

170. هل نحتاج إلى موارد إضافية لإكمال المشروع في الوقت المحدد؟ (Hal nahtaju ila mawarid idafiya li-ikmal al-mashru' fil-waqt al-muhaddad?) - Avons-nous besoin de ressources supplémentaires pour terminer le projet à temps ?

171. كيف نقيس نجاح المشروع؟ (Kayfa naqis najah al-mashru'?) - Comment mesurons-nous le succès du projet ?

Stratégie d'entreprise

172. ما هي رؤيتنا طويلة المدى للشركة؟ (Ma hiya ru'yatuna tawilat al-mada lish-sharika?) - Quelle est notre vision à long terme pour l'entreprise ?

173.المنافسين؟ عن أنفسنا نميز كيف (Kayfa numayyiz anfusana 'an al-munafis in?) - Comment nous différencions-nous de la concurrence ?

174. يمكننا التي الجديدة الأسواق هي ما استهدافها؟ (Ma hiya al-aswaq al-jadida allati yumkinuna istihdafuha?) - Quels nouveaux marchés pouvons-nous cibler ?

175. أعمالنا؟ نموذج مراجعة إلى نحتاج هل (Hal nahtaju ila muraja'at namudhaj a'malina?) - Devons-nous revoir notre modèle d'affaires ?

176. المدى على المستدام النمو نضمن كيف الطويل؟ (Kayfa nadman an-numuw al-mustadam 'ala al-mada at-tawil?) - Comment assurons-nous une croissance durable à long terme ?

Relations avec les investisseurs

177.القادم؟ للربع المستثمرين توقعات هي ما (Ma hiya tawaqqu'at al-mustathmirinlir-rub' al-qadim?) - Quelles sont les attentes des investisseurs pour le prochain trimestre ?

178.للمستثمرين؟ استراتيجيتنا نشرح كيف (Kayfa nashrah istratijiyatana lil-mustathmirun?) - Comment expliquons-nous notre stratégie aux investisseurs ?

179.المالية النتائج عن الإعلان سيتم متى القادمة؟ (Mata sayatimm al-i'lan 'an an-nata'ij al-maliya al-qadima?) - Quand les prochains résultats financiers seront-ils annoncés ?

180.الشركة؟ أسهم قيمة لزيادة خطة لدينا هل (Hal ladayna khutta li-ziyadat qimat ashum ash-sharika?) - Avons-nous un plan pour augmenter la valeur des actions de l'entreprise ?

181. كيف نتعامل مع مخاوف المستثمرين بشأن أداء الشركة؟ (Kayfa nata'amal ma'a makhawif al-mustathmirinbi-sha'n ada' ash-sharika?) - Comment gérons-nous les inquiétudes des investisseurs concernant les performances de l'entreprise ?

Gestion des opérations

182. كيف يمكننا تحسين كفاءة عملياتنا؟ (Kayfa yumkinuna tahsin kafa'at 'amaliyatina?) - Comment pouvons-nous améliorer l'efficacité de nos opérations ?

183. هل لدينا خطة استمرارية الأعمال؟ (Hal ladayna khuttat istimurariyat al-a'mal?) - Avons-nous un plan de continuité des activités ?

184. ما هي نقاط الاختناق في عملية الإنتاج؟ (Ma hiya niqat al-ikhtinaq fi 'amaliyat al-intaj?) - Quels sont les goulots d'étranglement dans notre processus de production ?

185. كيف نقلل من الهدر في عملياتنا؟ (Kayfa nuqallil min al-hadar fi 'amaliyatina?) - Comment réduisons-nous le gaspillage dans nos opérations ?

186. هل نحتاج إلى أتمتة بعض عملياتنا؟ (Hal nahtaju ila atmatat ba'd 'amaliyatina?) - Avons-nous besoin d'automatiser certaines de nos opérations ?

Gestion financière

187. ما هو الوضع المالي الحالي للشركة؟ (Ma huwa al-wad' al-mali al-hali lish-sharika?) - Quelle est la situation financière actuelle de l'entreprise ?

188. هل نحقق أهدافنا المالية؟ (Hal nuhaqqiq ahdafana al-maliya?) - Atteignons-nous nos objectifs financiers ?

189. كيف يمكننا تحسين التدفق النقدي؟ (Kayfa yumkinuna tahsin at-tadaffuq an-naqdi?) - Comment pouvons-nous améliorer notre flux de trésorerie ?

190. ما هي استراتيجيتنا لخفض التكاليف؟ (Ma hiya istratijiyatuna li-khafd at-takalif?) - Quelle est notre stratégie de réduction des coûts ?

191. هل نحتاج إلى مراجعة سياسة الاستثمار؟ (Hal nahtaju ila muraja'at siyasat al-istithmar?) - Devons-nous revoir notre politique d'investissement ?

Développement international

192. ما هي أسواقنا الدولية المستهدفة؟ (Ma hiya aswaquna ad-dawliya al-mustahdafa?) - Quels sont nos marchés internationaux cibles ?

193. كيف نتكيف مع الاختلافات الثقافية في الأسواق الجديدة؟ (Kayfa natakkayyaf ma'a al-ikhtilafat ath-thaqafiya fil-aswaq al-jadida?) - Comment nous adaptons-nous aux différences culturelles sur les nouveaux marchés ?

194. ما هي التحديات القانونية للتوسع دولياً؟ (Ma hiya at-tahaddiyat al-qanuniya lit-tawassu' dawliyan?) - Quels sont les défis juridiques de l'expansion internationale ?

195. هل لدينا الموارد اللازمة للنمو الدولي؟ (Hal ladayna al-mawarid al-lazima lin-numuww ad-dawli?) - Avons-nous les ressources nécessaires pour une croissance internationale ?

196. كيف نبني علامتنا التجارية على المستوى العالمي؟ (Kayfa nabni 'alamatana at-tijariya 'ala al-mustawa al-'alami?) - Comment construisons-nous notre marque au niveau mondial ?

Gestion de l'innovation

197. كيف نشجع ثقافة الابتكار في الشركة؟ (Kayfa nushajji' thaqafat al-ibtikar fish-sharika?) - Comment encourageons-nous une culture d'innovation dans l'entreprise ?

198. هل لدينا عملية لتقييم وتنفيذ الأفكار الجديدة؟ (Hal ladayna 'amaliya li-taqyim wa tanfidh al-afkar al-jadida?) - Avons-nous un

processus pour évaluer et mettre en œuvre de nouvelles idées ?

199. والتطوير؟ البحث في نستثمر كيف (Kayfa nastathmir fil-bahth wat-tatwir?) - Comment investissons-nous dans la recherche et le développement ?

200. ابتكاراتنا؟ أحدث هي ما (Ma hiya ahdath ibtikaratina?) - Quelles sont nos dernières innovations ?

✦ ✦ ✦ ✦ ✦ ✦

Partie VIII : Test d'Évaluation Globale

Bienvenue au test d'évaluation globale ! Ce test a pour objectif d'évaluer votre compréhension des notions abordées dans les différentes parties du livre. Nous allons couvrir plusieurs aspects de la langue arabe, en progressant des exercices simples aux exercices plus complexes.

Section 1 : Compréhension écrite

Exercice 1: Lisez le texte suivant et répondez aux questions :

إلى الذهاب علي عائلة قررت ،الجمعة يوم في والماء الطعام وحزموا مبكرًا استيقظوا .الشاطئ في يلعبون الأولاد بدأ ،وصولهم عند .الكرة ولعبة سبح ،الغداء بعد .كتابًا تقرأ الأم جلست بينما الرمل في .المشمس بالجو واستمتعوا البحر في الجميع .سعداء المنزل إلى عادوا ،المساء </div>

Questions:

1. الجمعة؟ يوم علي عائلة فعلت ماذا
2. إلى وصولهم عند يفعلون الأولاد كان ماذا الشاطئ؟
3. الغداء؟ بعد الجميع فعل ماذا

Correction:

1. .الشاطئ إلى الذهاب علي عائلة قررت
2. .الرمل في يلعبون الأولاد كان
3. بالجو واستمتعوا البحر في الجميع سبح .المشمس

Section 2 : Vocabulaire et expressions courantes

Exercice 2: Associez chaque mot arabe à sa traduction en français :

1. سيارة
2. مطعم
3. كتاب
4. خريطة
5. صباح الخير

a. Bonjour (le matin)
b. Carte
c. Livre
d. Restaurant
e. Voiture

Correction:

1-e) سيارة - Voiture
2-d) مطعم - Restaurant
3-c) كتاب - Livre
4-b) خريطة - Carte
5-a) صباح الخير - Bonjour (le matin)

Section 3 : Grammaire et conjugaison

Exercice 3: Complétez les phrases suivantes avec la bonne conjugaison du verbe donné :

1. أنا ________ (يكتب) رسالة إلى صديقي.
2. فاطمة ________ (تقرأ) كتابًا عن العلوم.
3. نحن ________ (يسبح) في البحر اليوم.

Correction:

1. أنا **أكتب** رسالة إلى صديقي.
2. فاطمة **تقرأ** كتابًا عن العلوم.
3. نحن **نسبح** في البحر اليوم.

Exercice 4: Identifiez le cas grammatical (nominatif, accusatif ou génitif) des mots soulignés dans les phrases suivantes :

1. قرأ الطالب **الكتابَ**.
2. ذهب أحمد إلى **المدرسةِ**.
3. يشرح **المعلمُ** الدرس.

Correction:

1. الكتابَ - Accusatif (complément d'objet direct).

2. المدرسةِ - Génitif (après une préposition).

3. المعلمُ - Nominatif (sujet de la phrase).

Section 4 : Prononciation et phonétique

Exercice 5: Identifiez si le son souligné est une voyelle courte (fatḥa, ḍamma, kasra) ou une voyelle longue :

1. كَتاب

2. مِفتاح

3. طُيور

Correction:

1. كَتاب : fatḥa (voyelle courte) sur ك.

2. مِفتاح : fatḥa (voyelle longue représentée par alif) sur ا.

3. طُيور : ḍamma (voyelle courte) sur ط, suivi d'une voyelle longue و.

Section 5 : Mises en situation pratiques

Exercice 6: Traduisez le dialogue suivant en français :

الساعة في لشخصين طاولة حجز أريد ،مرحبًا :أحمد
الجلوس تفضلان هل .بالتأكيد :النادل .مساءً الثامنة
لك شكرًا .رائع هذا ،نعم :أحمد النافذة؟ بجانب.

Correction:

Ahmed : Bonjour, je voudrais réserver une table pour deux personnes à 20h.
Serveur : Bien sûr. Préférez-vous vous asseoir près de la fenêtre ?
Ahmed : Oui, c'est parfait. Merci.

Exercice 7: Répondez à cette mise en situation pratique :

Vous êtes à l'hôtel et vous n'avez pas de serviette dans votre chambre. Formulez en arabe une demande polie pour demander une serviette à la réception.

Correction:

"منشفة؟ على الحصول يمكنني هل ،فضلك من"
(Min fadlik, hal yumkinuni al-husul 'ala manshafa?)
Traduction : S'il vous plaît, puis-je avoir une serviette ?

Exercice 8: Écoutez une phrase audio (à insérer si possible) et identifiez si le mot prononcé est emphatique ou non emphatique.

Exemple :

1. صَديق
2. سَلام

Correction:

1. صَديق - Emphatique (le "ص" est une consonne emphatique).
2. سَلام - Non emphatique.

Section Bonus : Rédaction

Exercice 9: Rédigez une courte présentation en arabe (3-4 phrases). Incluez votre nom, profession, et une activité que vous aimez.

Exemple :
إسمي أحمد. أنا مهندس. أحب السفر إلى البلدان الجديدة واستكشاف الثقافات المختلفة.

Correction (varie selon l'écrit fourni par le lecteur):

- Exemple attendu : "Mon nom est Ahmed. Je suis ingénieur. J'aime voyager dans de nouveaux pays et découvrir différentes cultures."

Ce test global vous permet d'évaluer vos acquis dans toutes les compétences principales : compréhension écrite, vocabulaire, grammaire, prononciation et mises en situation pratiques. Prenez le temps de revoir les corrections, identifier vos erreurs et pratiquer davantage sur les points faibles identifiés. Bonne continuation dans votre apprentissage de l'arabe !

Conclusion

" **TOUT-EN-UN POUR APPRENDRE L'ARABE** " a été conçu pour vous accompagner, étape par étape, dans votre apprentissage de la langue arabe. À travers ses sections progressives, riches en exercices, dialogues et textes pratiques, ce livre vous a offert les outils nécessaires pour développer vos compétences en compréhension, en expression écrite et orale, et en grammaire.

En maîtrisant les éléments fondamentaux de l'arabe — de l'alphabet à la structure des phrases, en passant par les expressions courantes et les mises en situation professionnelles —, vous êtes désormais mieux préparé à utiliser cette langue dans divers contextes. Que ce soit pour voyager, travailler, ou simplement découvrir la richesse culturelle et linguistique du monde arabophone, vous avez franchi des étapes indispensables.

Cependant, l'apprentissage d'une langue est un chemin qui continue au-delà des pages d'un livre. Nous vous encourageons à pratiquer régulièrement, à écouter des locuteurs natifs, à lire et à dialoguer autant que possible. La clé de la réussite réside dans la répétition et l'exposition continue à la langue.

Nous espérons que ce livre a suscité votre curiosité pour l'arabe et qu'il a enrichi votre apprentissage. Nous vous souhaitons beaucoup de succès dans la poursuite de votre maîtrise de cette langue belle et captivante. "مع السلامة و بالتوفيق!" (Au revoir et bonne chance !)

Mots de remerciement :

Un Grand Merci !

Merci d'avoir choisi ce livre pour votre apprentissage de l'arabe. J'espère qu'il vous a été utile et agréable.

Votre avis est précieux : en laissant un commentaire, vous contribuez à faire connaître cet ouvrage et à encourager mon travail. Partagez votre expérience, vos progrès et vos suggestions – cela m'aidera à améliorer mes prochains livres.

Bonne continuation dans votre apprentissage !